AF451662

TRAITÉ PRATIQUE

POIDS DU MOYEN AGE

J.-A. DECOURDEMANCHE

TRAITÉ PRATIQUE

DES

POIDS DU MOYEN AGE

PARIS

ERNEST LEROUX, ÉDITEUR

28, RUE BONAPARTE (VIᵉ)

1915

TRAITÉ PRATIQUE

DES

POIDS DU MOYEN AGE

Dans le *Traité pratique des poids et mesures des peuples anciens et des Arabes* (Paris, in-4°, 1899), nous avons établi que les divers poids et les mesures de longueur, usités d'abord chez les peuples anciens, puis chez les Arabes, constituaient un ensemble arithmétiquement coordonné.

Tous les poids se rattachent à quatre types principaux, dénommés talents :

1° Le talent-type babylonien, le talent monétaire achéménide, du poids de 32 kil. 640 gr. ;

2° Le talent-type assyrien, du poids de 29 kil. 376 gr., soit des 9/10 du précédent ;

3° Le talent-type lagide, de 21 kil. 250 gr. ;

4° Le talent-type égyptien, double de celui lagide, soit de 42 kil. 500 gr.

Tous les poids usités chez les Anciens ou chez les Arabes se rattachent à l'un de ces quatre talents, à leurs antériorités ou à leurs transformations.

Quant aux mesures linéaires, elles sont dérivées des talents par un procédé des plus simples. Le côté du cube contenant, en eau, le poids du talent, a constitué le pied dépendant de ce talent; du pied sont issues, pour chaque talent, les diverses coudées.

Malgré ses nombreuses variétés, le système métrique des Anciens et des Arabes constitue donc un ensemble cohérent. Un examen historique de la formation des divers talents montre, en effet, qu'ils sont, sans exception, issus d'un seul et même type, antérieur à tous.

Comme on le verra dans le travail qui va suivre, les poids du Moyen Age se relient directement à ceux antérieurs. Le plus souvent il s'agit de l'emploi pur et simple d'éléments anciens, mais l'on constate également l'utilisation d'assez nombreux dérivés nouveaux de ceux-ci.

Dans ces conditions, le présent travail constitue une simple suite du précédent. Aussi avons-nous maintenu le même ordre de classement, en plaçant chaque poids sous la rubrique, soit du talent-type dont il est issu, soit sous celle de l'un des dérivés, ancien ou nouveau, de ce même talent.

Ainsi, l'arbre généalogique des poids se trouve, soit simplement maintenu, soit pourvu de nouvelles branches, si, au Moyen Age, des dérivés ont été ajoutés à ceux déjà existants.

Cette fois, il nous a été possible de fournir, pour chaque énoncé, une référence, car nous avons uniquement utilisé, comme base, les données, aussi abondantes que précieuses, rassemblées par M. Guilhermoz dans sa *Note sur les poids du Moyen Age*, insérée dans le t. LXVII (1906), de la *Bibliothèque de l'Ecole des Chartes*, note qui nous a semblé réunir tout ce qui est connu sur le sujet.

Si, dans notre précédent travail, nous avions voulu justifier l'exactitude des résultats énoncés, plusieurs gros volumes eussent été nécessaires et les résultats, seuls intéressants pour le chercheur, se fussent trouvés noyés dans un fatras de discussions et de citations de textes ou d'énoncés de systèmes.

Si, pour le Moyen Age, la méthode justificative a pu être employée, sans trop alourdir la marche démonstrative, cela tient à ce que les éléments pondéraux en jeu étaient, en somme, assez peu nombreux ; à ce que les énoncés des divers auteurs se présentaient plutôt sous la forme de concordances approximatives que de divergences. Ce fait s'explique aisément : on est beaucoup mieux fixé sur les faits du Moyen Age, époque très peu éloignée de nous, sur laquelle on possède de très nombreux documents, que sur ce qui concerne l'antiquité.

PREMIÈRE PARTIE

EMPLOI DU TALENT ASSYRIEN

CHAPITRE PREMIER

EMPLOI DIRECT

A. — *Livre de Paris et de Charlemagne. Livre de Troyes.*

1. — Le talent assyrien, de 29 kil. 376 gr. est des 9/10 du talent type babylonien, de 32 kil. 640 gr., autrement dit du talent monétaire normal de l'époque achéménide (550 à 330 avant J.-C.).

Le talent assyrien avait deux modes de division : celui en 80 mines, c'est le système carthaginois bosphorique, où la mine ressort à 367 gr. 20, et celui en 60 mines, c'est le système assyro-carthaginois, où la mine ressort à 489 gr. 60. Notons immédiatement que la mine de 367 gr. 20 est exactement des 2/3 de celle de 489 gr. 60.

Observons, de plus, que la livre romaine, centième partie du talent-type babylonien de 32 kil. 640 gr. se divise en 12 onces, dont chacune ressort à 27 gr. 20. Par suite, la mine carthaginoise bosphorique, de 367 gr. 20 a, comme parité, 13 1/2 onces romaines et la mine assyro-carthaginoise, de 489 gr. 60, celle de 18 des mêmes onces.

Si l'on divise en 12 onces, sur le modèle de la livre romaine, la mine de 367 gr. 20, l'once se trouve ressortir à 30 gr. 60 et 16 des dites onces égalent à la mine de 489 gr. 60.

Or, la livre de Paris, évaluée à 489 gr. 683 lors de l'établissement du système métrique français par la Convention nationale (G. 24) et à 489 gr. 5058 par Lefèvre-Ginaux à la même époque (1) n'est, d'après nous, autre chose que la mine assyro-carthaginoise de 498 gr. 60, poids théorique, sauf l'insignifiante altération résultant de l'usage.

Cette hypothèse est singulièrement renforcée par le double fait que :

1° La livre de Paris est divisée en 16 onces, nombre égal à celui qui résulte de la différence entre le nombre de 12 onces, contenu dans la mine carthaginoise bosphorique et le nombre de 16 des mêmes onces, contenu dans la mine assyro-carthaginoise ;

2° La livre de Troyes est précisément constituée par 12 des 16 onces de la livre de Paris.

La livre de Paris a pour antériorité, avec même poids, la livre de Charlemagne, instaurée par cet empereur vers 802 (G. 62) ; elle se détaille comme suit :

Grains de Paris

38 2/3	Denier					1		2 gr. 04
460 4/5	Sou				1	12		24 gr. 48
576	Once		1		1 1/4	15		30 gr. 60
9.216	Livre	1	16	20		240		489 gr. 60

Le fait que cette livre comprend 16 onces prouve que Charlemagne, lors de la constitution de sa livre, avait le sentiment de l'existence de la mine carthaginoise bosphorique, de 12 onces ou 367 gr. 20, dont les 16 égalent et constituent la

____

(1) Dans nos références, nous indiquons par G. le nom de M. Guilhiermoz comme auteur de la note précitée. Le chiffre qui suit cette initiale est le numéro du § de la même note, auquel nous entendons renvoyer. Les renvois aux alinéas du présent travail sont formulés par le mot N° suivi de l'indication du chiffre ordinal attribué à cet alinéa.

mine assyro-carthaginoise, la livre de Charlemagne, de 489 gr. 60.

Si Charlemagne avait constitué sa livre d'après celle romaine, il aurait adopté la division en 18 onces, puisqu'elle équivaut, en onces romaines, à 18 onces.

Comme la livre de Paris n'est autre que celle de Charlemagne, on doit en conclure qu'elle a simplement maintenu la division carolingienne. Il a été prétendu que la livre de Charlemagne était divisée en 12 onces. Il y a là une confusion ; elle équivalait à 12 onces de 40 gr. 80 de l'ancien marc scandinave, de 326 gr. 40 (voir n° 17) ce qui est bien différent.

2. — La mine carthaginoise bosphorique n'a pas simplement servi de base à la constitution de la livre de Charlemagne, autrement dite de Paris, elle s'est maintenue dans l'usage sous le nom de livre de Troyes, à la valeur de 12 des 16 onces dont il s'agit. Parallèlement, le nom de marc a été donné à un poids de 8 des onces de la livre de Charlemagne et de Paris. En y comprenant ces deux éléments, cette livre se détaille comme suit :

Grains
de Paris.

Grains de Paris							
38 2/5	Denier					1	2 gr. 04
460 4/5	Sou				1	12	24 gr. 48
576	Once		1	1 1/4	15		30 gr. 60
4.608	Marc de Paris et de Troyes	1	8	10	120		244 gr. 80
6.912	Livre de Troyes	1	1 1/2 12	15	180		367 gr. 20
9.216	Livre de Paris	1	1 1/3 2	15	20	240	489 gr. 60

3. — Avec le temps, la division carolingienne de l'once s'est modifiée ; par suite, la livre de Paris et celle de Troyes présentaient l'aspect suivant, à l'époque de la Révolution :

Grain						1	0 gr. 053 1/8
Denier					1	24	1 gr. 27 1/2
Gros				1	3	72	3 gr. 82 1/2
Once			1	8	24	576	30 gr. 60
Marc de Paris et de Troyes.	1	8	64	192	4.608		244 gr. 80
Livre de Troyes	1	1 1/2 12	96	288	6.912		367 gr. 20
Livre de Paris.	1	1 1/3 2	16	128	384	9.216	489 gr. 60

Parallèlement à la division en 24 deniers, il en était appliqué une autre à l'once, division spécialisée aux usages monétaires, celle en 20 esterlings. Elle se détaille comme suit :

					Grains de Paris.	
Felin				1	7.2	0 gr. 38 1/4
Obole			1	2	14.4	0 gr. 76 1/2
Esterling		1	2	4	28.8	1 gr. 53
Gros	1	2 1/2	5	10	72	3 gr. 82 1/2
Once	1 8	20	40	80	576	30 gr. 60

La division de la livre et celle de l'once sont conformes aux indications fournies par une ordonnance d'octobre 1557 (G. 98). Les chiffres ronds de 7 grains, 14 et 28 grains, donnés par l'ordonnance pour le félin, l'obole et l'esterling, ont été remplacés par les chiffres exacts, en mentionnant la fraction négligée.

Le terme felin (G. 98) vient de *ferlingus*, latinisation de l'anglais *farthing*, quart (de denier) lui-même en rapport avec l'allemand *viertel*, quart.

Le terme esterling est la forme francisée de *sterling*, nom donné au vingtième de l'once dans la composition de la livre anglaise de la Tour.

La division de la livre de Troyes en 6.912 grains est la reproduction de celle appliquée par les médecins à la livre romaine, laquelle se détaille comme suit : Silique 4 sitarias ou grains; obole, 3 siliques, 12 grains; scrupule, 2 oboles, 24 grains; drachme, 3 scrupules, 72 grains; solidus, 1 1/3 drachme, 96 grains; sicilicus, 1 1/2 solidus, 144 grains; once, 4 sicilicus, 576 grains; livre, 12 onces, 6.912 grains.

B. — *Livre de Piémont.*

« Par un édit du 5 juin 1612 (G. 27) le duc Charles-Emmanuel de Savoie ordonna de baser tous les poids de Turin sur le marc monétaire. En 1799, la livre de Turin fut évaluée à

368 gr. 8445, ce qui donne au marc 245 gr. 96 1/3, soit 4.629 grains de Paris. Tillet avait trouvé 4.630 1/4 : le marc de Piémont a donc, à peu près, 22 grains de plus que le marc de Paris, conclut M. G., et est presque identique au marc de Troyes des Pays-Bas ».

Malgré leur ressemblance avec les poids des Pays-Bas, considérés par nous comme issus de la livre troy anglaise et non de la livre de Troyes française, le marc et la livre de Turin nous semblent devoir être assimilés, théoriquement, au marc et à la livre de Troyes, modifiés par une corruption dans le sens de l'accroissement, comme cela est fréquemment constaté en Italie. Les 245 gr. 986 1/3 du marc de Turin correspondent donc, d'après nous, aux 244 gr. 80 du poids théorique du marc de Troyes et les 368 gr. 8445 de la livre de Turin aux 367 gr. 20 du poids théorique de la livre de Troyes.

C. — *Livre de Hambourg, Brême, Lubeck et Danemark.*

4. — M. G. (27 note 2) dit que :

1° Pendant la domination française, la livre de Hambourg a été évaluée à 484 gr. 362, ce qui est conforme à l'évaluation de Tillet;

2° A Lubeck, un étalon de la livre, datant de 1654, a été trouvé peser 484 gr. 708 ;

3° A Brême, la livre a été fixée, en 1816, à 498 gr. 1/2;

4° En Danemark, au commencement du xixᵉ siècle, on a trouvé que le kilogramme valait 131.253 1/2 des grains dont 65,536 composent la livre, ce qui donne à celle-ci 499 gr. 35.

Pour nous, ces divers poids correspondent, sauf les altérations dues à l'usage, aux 489 gr. 60 du poids théorique de la livre de Charlemagne et de Paris. Comme le marc, dans les pays cités, est de la moitié de la livre, son poids théorique serait donc des 244 gr. 80 du marc de la livre de Charlemagne et de Paris.

Quant aux grains danois, de 65.536 à la livre, il en faut 7 I/II, poids théorique, pour équivaloir à un grain de Paris. Ce nombre de grains à la livre résulte du dédoublement prolongé qui est de coutume dans les livres allemandes et qui se présente comme suit : 1 livre, 2 marcs, 4 demi-marcs, 8 viertel, 16 onces, 32 los, 64 zethin, 128 quentchen ou quentlein, 256 demi-quentchen, 512 pfennig ou reightpfennig, 1024 heller. Dans la livre monétaire de Vienne, le heller a été divisé en 128 reichtpfennigentheil, ce qui donne, à la livre, 131.072 de ces fractions. En Danemark, le heller a été divisé en 64 grains, d'où le chiffre de 65.536 grains à la livre.

Le poids constaté de la livre de Brême, 498 gr. 1/2 et celui de la livre de Danemark, 499 gr. 35, dépassent assez sensiblement, notons-le, les 489 gr. 60 de la livre de Paris et se rapprochent singulièrement de celui de la livre de Hollande, 497 gr. 37 1/2 (voir n° 53). Il est très vraisemblable qu'à Brême et en Danemark l'on a considéré, faute de connaissances théoriques, le poids de Hollande comme étant le vrai type à suivre et les étalons auraient été rectifiés en conséquence. Par suite, la livre, originairement celle de Paris, est devenue une livre de Hollande. Cette assimilation avait, au surplus, en dehors de tout raisonnement sur les antériorités, le grand avantage, pour le Danemark et Brême, de faciliter singulièrement leurs transactions commerciales avec les Pays-Bas, fort actives de tout temps.

D. — *Marc de Vienne, égal au marc de Paris.*

6. — Pegolotti, qui écrivait en 1340, évalue le marc de Vienne à 1 marc de Venise et 3 deniers. Sur le pied de 236 gr. 1/9, pour le marc de Venise (voir n° 92) l'estimation ainsi formulée en chiffres arrondis ressort à 4,583 1/3 grains de Paris et à 243 gr. 489 7/12.

Le marc de Vienne dont s'agit est donc, en fait, le marc de Paris et de Troyes, de 244 gr. 80 poids calculé.

E. — *Système persan moderne.*

6 *bis.* — Ce système est basé sur le talent-type assyrien, de 29 k. 376 gr. En Perse, ce talent a été divisé en 10 parties, de 2 k. 937 gr. 6 ; tel est le batman de Tébriz.

Ce batman a été divisé en 640 parties ou mesqâls, de 4 gr. 59 l'un. Le mesqâl constitue l'unité génératrice du système monétaire persan. Son poids d'usage est identique à son poids théorique.

Quand le mesqâl est considéré comme un poids, il se divise en 24 nachoud (tessoudj) et 96 gendum (chaïr) ce qui est le mode de fractionnement du mesqâl légal musulman.

Indiquons, comme parité, que le mesqâl persan est des 9/10 du mesqâl ottoman, de 4 gr. 78 1/8, poids théorique (voir n° 69).

Le batman royal, double du batman de Tébriz, pèse 5 k. 875. 2. Le charwar, de 100 batmans de Tébriz, de 50 batmans royaux, pèse 293 k. 576 gr., soit 10 talents assyriens. Le man de Tébriz (Tauris) ou man-i-Kouch est de 1.000 mesqâls, soit de 4 k. 590 gr.

Comme unité monétaire de l'argent, le mesqâl prend le nom de kran ; il se divise alors en 10 senar, 20 chahis et 1000 dinars.

Le monnayage de l'argent comprend les pièces suivantes : 5 krans, 22 gr. 95 ; 2 krans, 9 gr. 18 ; 1 kran, 4 gr. 59 ; un demi-kran (500 dinars, 10 chahis), 2 gr. 29 1/2 et, enfin, 1/4 de kran, 1 gr. 14 3/4.

En or, le toman pèse les 7/12 du kran ou mesqâl, soit 2 gr. 67 3/4. La valeur légale du toman est de 10 krans. Le monnayage de l'or comprend les pièces suivantes : 10 tomans, 26 gr. 77 1/2 ; 5 tomans, 13 gr. 38 3/4 ; 2 tomans, 5 gr. 35 1/2 ; 1 toman, 2 gr. 67 3/4 ; un demi toman, 1 gr. 33 7/8 ; enfin, 1/4 de toman, 0 gr. 66 15/16.

En fait, la circulation de l'or n'existe pas en Perse. La pièce d'or y est plutôt considérée comme une médaille, un objet de curiosité.

Légalement, le titre de la monnaie d'or doit être de 960 millièmes de fin, et celui de la monnaie d'argent de 900 millièmes. Dans la pratique, ce dernier titre est approximativement appliqué à l'un comme à l'autre métal.

Au titre de 960 millièmes pour l'or et de 900 millièmes pour l'argent, le rapport de valeur, entre l'un et l'autre métal, est de 16 1/4 parties d'argent fin pour une partie d'or fin ; au titre de 900 millièmes pour l'un et l'autre métal, le rapport de valeur est de 17 1/7 parties d'argent fin pour une partie d'or.

CHAPITRE II

DÉRIVÉS DE LA LIVRE DE TROYES-PARIS

A. — *Livre médicinale de Paris, de 12 onces de Paris.*

7. — Cette livre, basée sur l'once de Paris, est égale à la livre de Troyes et se divise comme suit :

Grains de Paris

1.02	Grain					1	0 gr. 06 3/8
10.2	Obole				1	10	0 gr. 63 3/4
20.40	Scrupule			1	2	20	1 gr. 27 1/2
61.20	Drachme		1	3	6	60	3 gr. 82 1/2
576	Once	1	8	24	48	480	30 gr. 60
6912	Livre	1	12	96	288	496	5760	367 gr. 20

Cette livre (G. VI) faisait concurrence à celle basée sur le grain de Paris. A partir de la Renaissance, elle eut un énorme succès dans toute l'Europe. A l'étranger, elle était basée sur l'once locale en usage.

B. — *Livre médicinale de Paris, de 10 onces de Paris.*

Cette livre conserve la division médicinale en 5.760 grains. Toutefois l'unité génératrice n'est plus l'once de Paris, mais le grain de Paris. Ladite livre se détaille comme suit :

Grain (le grain de Paris)			1	0 gr. 053 1/8
Obole		1	10	0 gr. 531 1/4
Scrupule	1	2	20	1 gr. 062 1/2

Drachme........................... 1   3   6   60   3 gr. 187 1/2
Once........................ 1   8   24   48   480   25 gr. 50
Livre................ 1   12   96   288   496   5760   306 gr.

La livre dont s'agit (G. 71) fut en usage à partir de la Renaissance. C'est celle adoptée dans la première édition du Codex de la Faculté de Paris (1638). Vers le commencement du xviiie siècle elle fut remplacée, dans l'usage médical, par la livre de Paris, adoptée dans la deuxième édition du Codex (1732). L'once fut divisée, comme ci-dessus, en 8 drachmes et 24 scrupules, simplement en donnant le nom de drachme au gros de Paris et celui de scrupule au denier.

La livre de soie de Venise, seconde formation, est du même poids de 306 gr. que la livre ci-dessus (voir n° 112).

En Piémont, la livre médicinale de 306 gr., telle qu'elle vient d'être détaillée, était encore en usage en 1849.

C. — *Livre de Tours, livre soutive, livre marchande de Paris.*

9. — De même que la livre de 480 gr. équivaut à 15 onces romaines, de même la livre soutive ou marchande de Paris, celle dont Pegolotti se sert constamment dans ses comparaisons, est égale à 15 des onces (de 30 gr. 60 l'une) de la livre de Paris (G. 107). Elle pèse donc 459 gr. Dans son emploi comme livre marchande, elle se décompose comme suit :

Grains de Paris

      36   Denier.............................. 1   1 gr. 91 1/4
     432   Sou........................... 1   12   22 gr. 95
     540   Once.................... 1   1 1/4 15   28 gr. 68 /4
   4.320   Marc de Tours............. 1   8   40   120   229 gr. 1/2
   8.640   Livre................. 1   2   16   20   240   439 gr.

De même que la livre soutive ou de Tours est des 15/16 de la livre de Paris, de même le marc de Tours est des 15/16 du marc de Troyes-Paris.

A noter, comme parité, que la livre de 459 gr. est des 9/8 de la livre de 408 gr. (voir n° 106).

En 1700, sous le nom de livre de Beaulieu, la livre de 459 gr. (G. 107, note 6) servait à Lyon pour peser la soie. Au xiiie siècle, elle était employée en Bourgogne (G. 107, note 5).

Le poids de 2 livres soutives (G. 107) aurait servi à constituer la pinte de Paris. Celle-ci aurait donc dû peser, théoriquement, 918 gr. Elle a été estimée, lors de l'établissement du système métrique décimal, à 931 gr. 318 ; elle n'avait donc que peu varié par corruption résultant de son usage.

D. — *Aspect médical de la livre marchande de Paris.*

10. — Deux ordonnances, l'une de Philippe le Bel, de décembre 1312 ou janvier 1313, l'autre de Charles le Bel, de février 1322, ont prohibé l'emploi de cette livre, sauf pour les usages pharmaceutiques. Elle a donc servi de livre médicinale. Si nous lui appliquons les divisions médicinales, elle se détaille comme suit :

Grains de Paris

0 15/16	Grain					1	0 gr. 049		103/128
11 1/4	Obole				1	12	0 gr. 59		49/64
22 1/2	Scrupule			1	2	24	1 gr. 19		17/32
67 1/2	Drachme		1	3	6	72	3 gr. 58		19/32
540	Once	1	8	24	48	576	28 gr. 68		3/4
8.640	Livre.... 1	16	128	384	768	9.216	459 gr.		

E. — *Marc de Tours.*

11. — Un extrait du registre *Noster*, document rédigé peu après 1329 (G. 41) est donné par M. G. (G. 47). Il nous paraît utile de reproduire cet extrait, en raison des lumières qu'il fournit sur le monnayage de l'époque.

« Par le marc de la Rochelle (c'est-à-dire le marc anglais) qui poise xiii. s. iii. d. esterlings, toutes monnoies, quelles que elles soient, se alouaient pour xii. d. d'argent fin de poix l'un contre l'autre et, tuit ensemble, doivent faire et peser ledit marc, et chascun desdits xii. d. doit peser xxiiii. grains. Chascun esterling doit peser. iii. ob. tour. et ainsi généralement doit estre marc de tournois selon le marc de la Rochelle à xx. s. t.

« Et ainsi se ordonnent et haulsent toutes les monnoies du monde selon du plus le moins qui plus y meet d'argent des devant diz xii. d. et le demourant du métail, se comme se l'en disait *mailles petites tournoises à* xvii. *s.* vi. *d. au marc de Troyes*, qui est de Paris, et ledit marc est plus grant de celui de la Rochelle de x. esterlings, qui doivent peser xxx. ob. qui vallent ii. s. vi. d. ainsi sont ilz de vingt sous au marc selon celui de la Rochelle ; et furent faites telles petites mailles l'an CCC.XXIX. de xviii. grains de loy argent le Roy.

« Argent le Roy est et doit estre à une maille d'argent fin, car argent fin est à xii. d. d'aloy et argent le Roy à xi. d. ob., se l'on dit : *Telle monnoie est à* viii. *d. d'argent le Roy* se prend l'en l'argent le Roy à xii. d. et le fin à xii. d. ob. et vaut chacun denier xxiv. grains et xii. grains maille, ainsi emporte chascun denier d'aloy d'argent fin un grain en argent le Roy, se comme qui diroit : *Ceste monnoie est à* iv. *d. d'argent fin*, c'est-à-dire qu'il est à iv. d. iiii. grains d'argent le Roy ; et ainsi des autres ».

Il résulte de ce texte que :

1° Le marc de la Rochelle (le marc de la Tour) se divisait en 13 1/3 sous, 160 deniers ou sterlings, et 3.840 grains de 24 au denier (voir n° 38).

2° Le marc de Troyes est considéré comme excédant de 10 sterlings le marc de la Rochelle (le marc anglais de la Tour) ce qui donne au marc de Troyes, d'abord le poids du marc de la Rochelle, soit 232 gr. 10 2/3, plus 10 sterlings, soit 14 gr. 50 2/3, ensemble 246 gr. 61 1/3 au lieu de 244 gr. 80 de son poids théorique. L'écart est insignifiant.

3° Comme les 10 sterlings de l'excédant du marc de Troyes valent chacun 3 oboles, cela fait 30 oboles tournoises pour les

10 sterlings et comme le sou tournois vaut, à la fois, 12 deniers et 24 oboles ou mailles, les 30 oboles font seulement 1 sou et 3 deniers et non 2 sous et 6 deniers comme le dit le registre (1).

4° Le marc de Tours avait pour première division le grain dont 12 faisaient une maille, 24 un denier; les 12 deniers constituaient un entier, le sou, et les 20 sous faisaient le marc, comme le texte le dit par deux fois; « et ainsi généralement doit estre marc tournois selon le marc de la Rochelle à vingt sous tournois », puis « ainsi sont ilz de vingt sous au marc. selon le marc de la Rochelle ».

Par suite, le marc de Tours monétaire se détaille comme suit :

Grains de Paris

3/4	Grain					1	0 gr. 035 65/96
9	Obole ou maille				1	12	0 gr. 42 13/16
18	Denier			1	2	24	0 gr. 95 5/8
216	Sou		1	12	24	288	11 gr. 47 1/2
4.320	Marc	1	20	240	480	5.760	229 gr. 50
8.640	Livre	1	2	40	480	960	11.520	459 gr. 035 66/9

Le marc de Tours pèse les 15/16 du marc de Troyes-Paris, puisque la livre de Tours, autrement dit la livre soutive ou marchande de Paris, est des 15/16 de la livre de Paris et que l'une et l'autre comprennent deux marcs.

Ce mode de division du marc de Tours servait de base à l'évaluation du titre monétaire, qui était considéré d'argent fin quand l'entier, le sou, comprenait 12 deniers d'argent fin, les 12/12 des 12 deniers du sou ou de l'entier, soit encore 24 mailles d'argent fin : les 24/24 des 24 mailles du sou, de l'entier.

Ainsi l'on a :

1° Pour l'argent le Roy, à une maille d'argent fin, un titre

(1) Dans son calcul, le registre *Noster* commet une erreur du simple au double. Par une évaluation approximative et légèrement erronée, il a admis l'équivalence entre le marc de la Tour et le marc de Tours, d'où il conclut que l'obole tournois vaut 1/3 de denier sterling et que 30 oboles valent 10 sterlings. Ensuite il confond l'obole avec le denier qui en est le double.

de 23/24 de fin, puisque la maille est de 1/24 de l'unité, de l'entier;

2° Pour la monnaie à 8 deniers d'argent le Roy (sur les 240 deniers de l'entier) un titre des 29/30 en argent le Roy, l'alliage étant de 8 deniers soit 1/30 sur les 240 de l'entier, du marc;

3° Pour les petites mailles tournoises, à 18 grains d'argent le Roy, à un titre de 15/16 en argent le Roy, puisque 18 grains égalent à 1/16 de l'entier, du sou, de 288 grains;

4° Pour la monnaie à 4 deniers d'argent fin, un titre des 59/60 en argent fin, puisqu'il y a 4 deniers d'alliage, sur les 240 de l'entier, du marc;

5° Pour le marc de Troyes, un titre de 16/16 en argent le Roy, soit de 23/24 d'argent fin. En effet, si le marc de Troyes avait été au même titre que les mailles, le total de celles-ci, 960, eut égalé aux 15/16 du marc de Troyes, puisque le marc de Tours est des 15/16 de celui de Troyes. Mais le total des mailles ne faisait que 17 sous et demi, sur un entier de 20 sous, soit les 175/200 ou les 14/16. Il manquait donc 1/16 d'argent le Roy, sur le titre des mailles, pour compléter 15/16 en argent le Roy. Le titre du marc de Troyes était donc de 16/16 argent le Roy soit de 23/24 de fin.

On voit par ces divers exemples, que l'entier, l'unité, qui sert de point de comparaison pour l'indication du titre monétaire n'est pas toujours le sou; l'unité de 20 sous, à 12 deniers l'un, est également utilisé à cet emploi, comme celle du marc, à 240 deniers l'un.

12. — Le poids de 229 gr. 1/2, donné ci-dessus au marc de Tours, diffère légèrement de celui du marc anglais de la Tour (le marc de la Rochelle) qui est de 232 gr. 10 2/3. Cela est si vrai que le registre *Noster* (G. 41) au lieu des 13 sous 4 deniers du marc anglais, donne au marc de Tours 12 sous 11 deniers. Ce chiffre correspond à 224 gr. 85 1/3 d'après le poids théorique du marc anglais, au lieu des 229 gr. 1/2 du poids calculé

du marc de Tours. L'écart n'est pas sensiblement plus considérable que les différences constatées d'ordinaire entre un poids calculé et un poids d'usage.

Toutefois, dans le cas particulier, il semble que l'écart doit, en grande partie, être dû au mode de comparaison du registre *Noster*. Il établit, ce semble, ses équivalences, non pas d'après les poids, mais d'après la valeur intrinsèque des monnaies, en tenant compte de la différence de titre entre l'une et l'autre. Ce mode de procéder a pu augmenter les écarts qui eussent résulté de rapprochements opérés sur la base de la simple comparaison des poids.

Au surplus le point important est la constatation du fait de la non identité du marc de Tours et du marc anglais de la Tour, en dépit de leur assimilation presque constante par les écrivains ; ceux-ci, d'ordinaire, se contentent d'établir des équivalences *grosso modo*, sans viser à une exactitude mathématique rigoureuse. Cette façon de faire ne constitue pas la moindre des difficultés présentées par l'étude des poids du Moyen Age.

F. — *Livres diverses*.

13. — A Genève (G. 108) où le poids de Troyes était en usage dès le xiiie siècle, la livre subtile, celle qui servait pour les marchandises qui se pesaient à la balance, par opposition à celles qui se pesaient à la romaine ou livreau, avait 15 onces, aux termes de la coutume de 1387. La livre subtile de Genève était donc la même que la livre soutive ou marchande de Paris ; elle était donc de 489 gr.

La livre grosse (G. 36, note 4) était de 18 onces de Troyes, d'après la coutume de 1387 déjà citée. Elle égalait donc à une livre 1/2 de Troyes, soit à 550 gr. 80. Elle avait donc été constituée, sur la base de la comparaison avec la composition de la livre de Paris.

Celle-ci était de 18 onces romaines, soit d'une fois et demie
la livre romaine. La livre grosse de Genève, par imitation, a été
faite de 18 onces de Troyes.

14. — En Bourgogne au xiv° siècle (G. 107, note 5) « en la
ville de Chastillon a plusieurs poix, premier y est la livre à
quoy l'on délivre toutes marchandises ; cette livre n'est que de
xv onces ». C'est encore la livre soutive de Paris, de 459 gr.

15. — A Constance, Schaffhouse, Saint-Gall, la livre subtile
était de 16 onces (G. 36, note 2) mais la livre grosse contenait
20 onces. S'il s'agit là, comme tout porte à le croire, d'onces
de Paris, la livre subtile était égale à la livre de Paris, elle
pesait donc 489 gr. 60 et la livre grosse, de 20 onces de Paris, a
30 gr. 60 l'une, pesait 612 gr.

DEUXIÈME PARTIE

EMPLOI DU TALENT-TYPE BABYLONIEN

CHAPITRE PREMIER

UTILISATION DIRECTE

Le talent-type Babylonien de l'époque achéménide, le talent monétaire perse, de 32 k. 640 gr. est de 10/9 du talent-type assyrien. Il se divisait, chez les Perses, en 60 mines de 544 gr. l'une. Mais les Romains lui ont appliqué la division centésimale. Par suite, la livre romaine, d'un centième du talent, d'un centième du centupondium, est de 326 gr. 40. Nous allons indiquer les diverses utilisations de cette livre et les modes de division qui lui ont été appliqués.

A. — *Livre gauloise, mérovingienne et carolingienne.*

16. — Cette livre, qui n'est autre que la livre romaine, se détaille comme suit, dans son aspect gaulois, mérovingien et carolingien :

Grains de Paris

25 3/5	Denier...........................					1	1 gr. 36
102 2/5	Trémissis......................			1		4	5 gr. 44
307 1/5	Sou............................	1		3		12	16 gr. 32
512	Once..................	1	1 2/3	5		20	27 gr. 20
6.144	Livre.......	1	12	20	60	240	326 gr. 40

Le trémissis, souvent désigné sous le nom de sou, est égal au miliarésion romain, de 1/60 de livre, lui-même égal à 1/100 de mine babylonienne et perse de 544 gr. (à propos de la division de la livre en 20 sous voir sous le n° 106).

Au point de vue de l'emploi monétaire, la valeur de l'or est de 14 fois celle de l'argent, à poids égal. En effet, aux termes de la loi salique et de ses compléments carolingiens, un sou d'or gaulois, de 1/84 de livre ou de 1/7 d'once, soit du poids de 3 gr. 88 4/7, à la même valeur que 40 deniers d'argent. Or, si 1/7 d'once d'or vaut 40 deniers d'argent, il vaut 2 onces d'argent, puisque l'once est composée de 20 deniers et que 2 onces représentent 14 fois le septième d'une once. Le rapport de valeur, de l'or à l'argent, est donc bien celui d'un à 14 (G. 2, note 2).

Sauf le changement du nom de trémissis en celui de thrymse, la livre de 326 gr. 40, telle qu'elle est détaillée ci-dessus, était en usage en Angleterre (Comtés Anglais) au xe siècle (G. 51). Elle constituait encore la livre monétaire, dans le même pays, au xiiie siècle (G. 87).

B. — *Marc danois.*

17. — Le marc danois, égal à la livre romaine, usité en Angleterre au xe siècle dans les Comtés danois (G. 51 et 88) se détaille comme suit :

Grains de Paris.

25 3/5	Pening (pl. peningar) denier..........................						1	1 gr. 36
128	Thrymse (trémissis)....................					1	5	6 gr. 80
256	Ertog (1/3 d'once) pl. ertogar..				1	2	10	13 gr. 60
384	Sou....................			1	1 1/2	3	15	20 gr. 40
768	Ore ou eyrir, pl. aurar.		1	2	3	6	30	40 gr. 80
6.144	Mork (mark)..	1	8	16	24	48	240	326 gr. 40

Parité : l'once (ore) de 40 gr. 80 égale à 1/12 de la livre de Charlemagne de 489 gr. 60 (voir n° 1).

Les plus anciennes mentions connues du marc (G. 51, p. 212,

note 2) (il viendrait de Scandinavie), se trouvent dans une
charte du roi anglo-saxon à Ethelwulf de 857 et dans les traités
conclus, à la fin du 1ᵉʳ siècle, entre les Danois et les Anglais.
En Allemagne, l'usage du marc se constate seulement en 1015
et, en France en 1082.

C. — Livres romano-italiennes.

18. — La livre romaine a été employée en Italie, concurrem-
ment avec la livre égypto-romaine de 340 gr. En effet (G. 24)
est citée toute une série de livres qui sont, évidemment, des
corruptions de la livre romaine. En voici l'énumération :

Livre de Milan, évaluée en 1766 par Tillet à 6156 grains de
Paris, soit 326 gr. 75, et, en 1803, à 326 gr. 7931. Livre d'or et
d'argent filé de Venise, évaluée par Tillet à 6137 grains de
Paris, soit à 326 gr. 02.

Livres de l'Italie du Nord, d'après les évaluations de l'époque
napoléonienne : Cesena 329 gr. 7244; Ancône 328 gr. 5825;
Forli 329 gr. 4407; Pergola 327 gr. 2659 ; Bologne (livre médicinale) 325 gr. 6655; Crémone 325 gr. 474; Bergame 323 gr.
1288; Carrare 324 gr. 9965; Reggio 324 gr. 5237; Urbia 323 gr.
2471; Tortone 325 gr. 500 ; Novare 325 gr. 474; Montferrat
325 gr. 380; enfin, Parme 327 gr. 3142.

19. — Dès 840, la livre romaine était employée à Venise
(nous venons de la citer dans les temps modernes comme livre
de l'or et de l'argent filé). En effet, dans le traité intervenu entre
l'empereur Lothaire et les Vénitiens (G. 59), la livre de Venise
est estimée à 6 mancuses. Or, le mancuse d'or, de 1/7 d'once
romaine, vaut, en argent, 14 fois son poids, soit 2 onces romaines d'argent; les 6 mancuses, soit 12 onces d'argent, correspondent donc, en valeur, à une livre romaine.

20. — De même, une charte de Viterbe de 816 compte le sou à
9 deniers seulement, en monnaie de Saint-Pierre. Très souvent,
les chartes carolingiennes d'Italie visent la livre de 16 onces

romaines, de 435 gr. 20, dont le sou vaut 12 deniers. Le sou de 9 deniers, des 3/4 de 12 deniers, correspondrait donc à une livre de 12 onces romaines. La monnaie de Saint-Pierre serait donc basée sur la livre romaine, ce qui est bien naturel.

C. — *Marc allemand du* XIIIe *siècle.*

21. — En Allemagne, la livre romaine se divisait en 30 sous, dont 20 formaient le marc, de 8 onces romaines. Par suite, la livre se décompose comme suit :

Grains de Paris

204 3/5	Sou..				1	10 gr. 80
512	Once.....................................		1	2 1/2	27 gr. 20
4.096	Marc.....................	1	8	20	217 gr. 60
6.144	Livre.............	1	1 1/2 12	30	326 gr. 40

Le compte de 20 sous (pfundige) au marc est indiqué comme ayant existé en Allemagne au XIIe siècle (G. 52), où il est appliqué, en 1196 à la monnaie de Spire et cité, vers 1160, dans une charte de Trèves. Mais ce compte peut s'appliquer, notons-le, aussi bien au marc qui vient d'être détaillé qu'à d'autres.

Dans les conventions passées en 1224 et 1225, pour la mise en liberté du roi Waldemar II de Danemark et de son fils, le marc est indiqué comme valant 1 lot de moins que le marc de Cologne (G. 43).

Or ce marc du poids de 232 gr. 10 2/3 (voir n° 39) est de 16 lots et 15 de ceux-ci font 217 gr. 60. C'est le poids indiqué ci-dessus pour le marc de 8 onces romaines. Ce marc était donc celui visé dans les conventions qui viennent d'être citées.

D'après le chroniqueur Arnold de Lubeck (G. 43), le roi de Danemark Waldemar I (1157-1182), père de Waldemar II, s'était engagé à payer pour la dot de sa fille, fiancée au fils de Frédéric Barberousse, une somme de quatre milliers de marcs « librata pondere publico quod Karolus magnus instituerat ».

Selon toute apparence, il s'agissait là, non pas du marc de

8 onces romaines dont il vient d'être question, mais du marc de 8 onces de la livre de Charlemagne et de Paris, de 244 gr. 80, lequel méritait, plus que tout autre, le nom de « pondus caroli ».

E. — *Livre médicinale espagnole.*

33. — D'après Mariana (G. 49), l'once des 12 qui faisaient la livre médicinale en usage en Espagne était dans le rapport de 15 à 16 avec l'once du marc de Castille.

Ce marc, égal à celui de Cologne (voir n° 46) pèse 232 gr. 10 2/3 et se divise en 8 onces, de 29 gr. 01 1/3 l'une. Les 15/16 de ce poids font 27 gr. 20, soit l'once romaine. Ces 12 onces égalent donc la livre romaine, soit 326 gr. 40. Sous l'aspect médical, cette livre se décompose comme suit :

Grains de Paris

Grains de Paris	Unité							Grammes
1.06	Grain						1	0 gr. 05 2/3
10 2/3	Obole					1	10	0 gr. 56 2/3
21 2/3	Scrupule				1	2	20	1 gr. 13 1/3
64 2/3	Drachme			1	3	6	60	3 gr. 40
512	Once		1	8	24	48	480	27 gr. 20
6.144	Livre	1	12	96	288	496	5.760	326 gr. 40

CHAPITRE II

LIVRE DE 16 ONCES ROMAINES

Le talent type égyptien, de 42 k. 500 gr., considéré comme poids d'argent, valait 102,40 0/0 de son poids, au titre perse. Pour égaliser la valeur, les Perses, lors de leur conquête de l'Égypte (525 avant J.-C.) ont ajouté 2,40 0/0 au poids du talent égyptien et ont ainsi constitué le talent thébain, de 43 k. 520 gr. La centième partie de ce talent, soit 435 gr. 20, constitue la mine attique forte, de 100 drachmes fortes de 4 gr. 32.

Ce poids de 435 gr. 20 égale à 16 onces romaines.

Il ne nous semble pas que la livre du poids de 16 onces romaines, la livre de 435 gr. 20, employée au Moyen Age dès l'époque carolingienne, ait eu pour type la mine attique forte. Il nous semble plus naturel de penser que la livre de 16 onces romaines est née, au moyen âge, de l'imitation de la livre de Charlemagne et de Paris, laquelle avait 16 onces. Il a été ajouté aux 12 onces de la livre romaine, 4 onces romaines, pour constituer une livre de formation parallèle à la livre de Charlemagne.

A. — *Livre anglaise de 16 onces romaines ; marc hustin.*

24. — D'après un texte anglo-saxon (G. 88), le rapport entre le sou (thrymsc) de Mercie (anglais) et le sou danois est celui de

3 sous de Mercie pour 4 sous danois. Cela donne au thrymse anglais la valeur de 9 gr. 06 2/3, puisque le thrymse danois de 1/48 de marc danois de 326 gr. 40, pèse 6 gr. 80 (voir n° 17).

Sur cette base, la livre anglaise de 16 onces romaines se présente comme suit :

Grains de Paris

34 2/15	Denier					1		1 gr. 81 1/3
170 2/3	Thrymse				1	3		9 gr. 06 2/3
512	Sou			1	3	15		27 gr. 20
682 2/3	Ora (once)		1	1 1/3	4	20		36 gr. 26 2/3
8.192	Livre	1	12	16	48	240		435 gr. 20

Nota. — Le sou est égal à l'once romaine.

Cette livre paraît être restée en usage, en Angleterre, jusqu'à la constitution, sous le règne d'Élisabeth (1558-1603) de la livre avoir-du-poids, de 16 onces égypto-romaines, soit de 453 gr. 1/3 (voir n° 62) et non plus de 16 onces romaines. Jusqu'alors ce nom était donné à la livre dont nous venons d'indiquer le détail.

25. — Le marc hustin d'or (de « house things », cour de Justice de Londres) paraît avoir été du quart de cette livre, soit de 108 gr. 80, il valait 14 fois son poids d'argent, soit 3 livres et demie et quatre de ces marcs, du poids d'une livre, valaient 14 livres d'argent.

B. — *Livre carolingienne de 16 onces romaines; mancuse.*

26. — Au lieu de 15 deniers au sou, comme dans la livre anglaise, la livre carolingienne a 12 deniers au sou et 20 sous à la livre, au lieu de 16. Son aspect est donc le suivant :

Grain de Paris

34 2/15	Denier				1		1 gr. 81 1/3
409 3/5	Sou			1	12		21 gr. 76
512	Once	1	1 1/4	15			27 gr. 20
8.192	Livre	1	16	20	240		435 gr. 20

Parité : 15 des sous des 21 gr. 76 de cette livre égalent à une livre romaine de 326 gr. 40.

27. — Une série de documents anglais, italiens ou allemands (G. 60) échelonnés de 816 à la fin du xiie siècle, donnent au mancuse d'or de 1/84 de livre romaine, soit de 3 gr. 88 4/7, la valeur de 30 deniers d'argent de la livre détaillée dans les deux décomptes ci-dessus. Or, à 1 gr. 81 1/3 l'un, ces 30 deniers pèsent 54 gr. 40, soit 1/6 de la livre, fraction qui équivaut à 14/84. Le rapport entre l'or et l'argent ressort donc à 14 poids d'argent pour un d'or au point de vue de la valeur.

Par suite, 8 mancuses d'or égalaient, en valeur, à la livre d'argent et 28 mancuses avaient le même poids que le marc hustin anglais.

C. — Livre de Flandre.

28. — A Bruges et dans toute la Flandre deux livres étaient en usage (G. 83).

1° La livre de Troyes, avec laquelle on pesait l'or ; les 8 onces du marc de Troyes constituaient le marc d'or, égal au marc de Troyes. Pour nous il s'agit, dans cette première livre, non de la livre de Troyes française, mais de la livre troy anglaise (voir n° 53).

2° La livre avec laquelle on pesait l'argent, laquelle équivalait à 16 onces romaines.

La livre de Tournay a maintenu cette division en 16 onces. Son poids a été évalué, lors de l'annexion à l'empire français, à 430 gr. 637 (G. 85). Elle était donc d'un poids d'usage légèrement inférieur à celui théorique : 435 gr. 20, M. G. fait observer avec raison que la livre de Tournay a pu adopter cette division par imitation des livres de Paris et de Cologne en usage dans la contrée et divisées en 16 onces.

Sauf celle de Tournay, les livres de Flandre étaient divisées en 14 onces, M. G. pense que cette division provenait du fait que les 14 onces de Troyes sont apparues comme égales à la livre en question. En effet, 14 onces de Troyes, à 30 gr. 60 l'une, font 428 gr. 40, soit au total bien peu différent des 435 gr. 20 du poids de 16 onces romaines. Les irrégularités du poids de la livre, d'une ville à l'autre, ont d'autant mieux contribué à faire considérer le chiffre de 14 onces comme le poids type de la livre que, dans les Pays-Bas, l'once en usage était comme nous l'avons dit, l'once troy anglaise, dont les 14 font 435 gr. 449, poids théorique, sauf atténuation par corruption due à l'usage. En Flandre, comme ailleurs du reste, l'on considérait, en pratique, l'once troy et l'once de Troyes comme égales. L'on ne s'attachait pas à la mince différence qui les séparait en théorie. Cette différence devait au surplus, être fort difficile à constater en pratique, car les étalons étaient loin d'être établis avec une précision rigoureuse.

Les étalons ou les renseignements recueillis par les administrations des districts donnèrent (G. 83) les résultats suivants : aux débuts du xixe siècle.

1° La valeur de 14 onces de Paris, soit 8,064 grains ou 428 gr. 40 a été indiquée comme celle des livres de Douai, Roubaix, la Bassée Bergues, Gravelines, Marchiennes et Orchies. Ces livres avaient donc été intentionnellement régularisées.

2° L'on a trouvé pour la livre, à Bruges et à Courtrai 428 gr. 818 ; à Ypres 430 gr. 827 ; à Lille 431 gr. 317 et 432 gr. 56 ; à Dunkerque 432 gr. 445 ; à Gand 433 gr. 255 ; enfin à Tournay, 430 gr. 637.

On voit ainsi que les poids d'usage diffèrent fort peu, soit des 14 onces du poids de Paris, ensemble 428 gr. 40, soit du poids théorique de 16 onces romaines : 435 gr. 20.

Si l'on compare le poids de la livre de Flandre en la considérant, d'un côté, comme formée par 14 onces de Paris, de l'autre comme constitué par 16 onces romaines, l'on obtient le tableau suivant, en faisant figurer le marc, dont nous allons parler, à côté de la livre :

		Grains de Paris	Poids en Onces de Paris	Grains de Paris	Poids en Onces romaines
Once	1	576	30 gr. 60	587 1/7	31 gr. 08 4/7
Marc	6	3.456	183 gr. 60	3.522 6/7	186 gr. 51 3/7
Livre	14	8.064	428 gr. 40	8.192	435 gr. 200

D. — *Petit marc de Flandre.*

29. — Le petit marc de Flandre (G. 85 note) contenait six des 14 onces de la livre de Flandre, autrement dit 6 onces de Paris, quand cette dernière était considérée comme équivalant à 14 de ces mêmes onces. Son poids théorique ressort alors, comme l'indique le tableau ci-dessus à 3.456 grains de Paris et 183 gr. 60. Si, au contraire l'on admet qu'il égale à 6/14 de la livre de 16 onces romaines, son poids théorique ressort à 3.522 6/7 grains de Paris et à 186 gr. 51 3/7.

A notre avis, la fixation du marc à 6/14 du poids de la livre est en relation avec le rapport de valeur d'un à 14 entre l'or et l'argent. Il a été constitué un marc d'argent des 6/14 de la livre parce qu'un marc d'or, de même poids que celui du marc d'argent, valait 6 livres d'argent. Le marc d'argent égalait à 1/14 de la valeur du marc d'or et par suite, dans la circulation, l'on échangeait 14 marcs d'argent contre un marc d'or, comme actuellement, l'on échange 20 pièces d'un franc en argent contre une pièce d'or de la valeur de 20 francs. Cela constituait, au-dessus de l'unité, de la livre, une unité supérieure, une unité de 6 livres.

Par une conséquence logique, et pour simplifier le système, l'on est arrivé, puisque le marc représentait 6/14 de la livre, à diviser celle-ci en 14/14, en 14 onces. Ainsi, la valeur monétaire s'est trouvée influer sur la constitution pondérale autrement dit sur la division du poids marchand. Rapidement, ces onces hybrides ont été assimilées à un poids connu : l'once de Troyes, ou l'once Troy, qui étaient considérées, en pratique, comme égales.

29. — Les équivalences suivantes sont données (G. 84 et 85) au marc de Flandre :

1º Dans un texte relatif à un essai de monnaie fait à Douai en 1263, on voit que 128 sterlings (qui correspondent à 3.456 grains de Paris) équivalent à un marc ;

2º Un autre texte de Douai, de la même époque, 1265, donne l'équivalence de 130 sterlings, ce qui correspond à 3.500 grains de Paris ;

3º Une ordonnance du grand maître de l'ordre Teutonique, de 1439, indique l'équivalence de 13 marcs de Cologne et de 16 marcs de Culm (autrement dit de Flandre). Comme le marc de Cologne contient 4.355 grains de Paris (voir nº 39) celui de Culm, de Flandre, ressort à 3.539 grains.

La première évaluation ne fait que reproduire l'estimation qui aboutit à donner au marc la valeur de 14 onces de Paris.

Mais la seconde estimation, celle de 3.500 grains et la troisième, celle de 3.519 grains, se rapprochant tellement de celle théorique de 3.519 grains 6/7 ou 186 gr. 51 3/7, qu'on peut en conclure à l'entière justification de cette dernière, pour le marc de Flandre.

Cette justification de notre évaluation de la valeur du marc, implique, notons-le, celle de la valeur de 435 gr. 20 donnée par nous à la livre, puisque la relation entre le marc et la livre est incontestablement fixée ; 14 onces à la livre et 6 au marc.

Notons, au point de vue du titre, qu'un bail de la monnaie d'Arras de 1286 (G. 85, p. 423, note 2) dit que les marcs doivent être d'aussi bon argent que les gros tournois que le roi de France fait faire, soit à 8 sterlings près. Cela veut dire que, sur les 160 parties de l'entier 152 doivent être en argent pur et 8 en alliage. Cette proportion de 152/160 correspond à 19/20, soit à 95/100.

En ce qui concerne l'ancienneté de l'emploi du marc de Flandre disons (G. 86) qu'il est mentionné dès 1164 dans une

charte de l'abbaye de Corbie et dès 1202 dans deux charles de
Philippe-Auguste relatives à la monnaie de Tournay.

E. — *Livre de l'or et mancuse en Catalogne (Barcelone-
Perpignan) et à Valence (Espagne).*

30. — Le sou d'or gaulois (voir n° 16) de 1/7 d'once romaine,
ou 1/84 de livre romaine, pèse 3 gr. 88 4/7. A ce poids d'or a
été donné le nom de mancuse (voir n° 27) expression qui apparaît comme d'origine arabe. En effet, en arabe, *manqouç* est un
mot technique dans l'arithmétique, sa signification est : divi-
dende, résultat de la division, d'où le sens : partie d'un tout,
fraction. Ce mot dérive de la racine *naqaça* rompre, dissoudre,
laquelle a donné naissance au terme technique *naqeç*, rompu,
diminué, épithète appliqué à toute pièce d'argent ou d'or, à
tout poids devenu inférieur à sa valeur légale, par suite d'un
retranchement voulu.

Au mancuse de 3 gr. 88 4/7 a été assimilé, dans le monnayage d'or de Catalogne et de Valence, la pièce d'or arabe du
poids théorique d'un derham légal musulman, soit de 3 gr. 96
2/3. Ainsi, le derham est apparu, aux yeux des chrétiens,
comme de 1/84 de livre romaine tandis que, théoriquement, il
était de 1/84 de la livre Égypto-Romaine de 340 grammes, supérieure de 1/24 à la livre romaine. Cette confusion, chez les
chrétiens, s'explique par le faiblage, souvent très accentué,
des monnaies arabes frappées en Espagne. A cette pièce d'or
arabe, les chrétiens ont donné le nom de marabotin, transcrip-
tion de l'arabe *mourabbetein*, almoravide. Par suite de l'assimilation dont s'agit, les expressions de marabotin et de mancuse se sont trouvées synonymes : l'une et l'autre indiquent un
poids d'or de 3 gr. 88 4/7, de 1/84 de livre romaine, celui du
sou d'or gaulois et mérovingien.

Dès 1067 (G. 60) l'équivalence de 7 marabotins ou mancuses
est admise en Catalogne ; elle est, à nouveau, constatée en
1351 et en 1586.

Le marc d'or catalan et de Valence se détaille, en poids, comme suit, d'après indications fournies (G. 93, p. 430, note 6) par un texte catalan du xvᵉ siècle :

Grains de Paris

73	1/7	Marabotin ou mancuse			1		3 gr.	88 4/7
512		Once (once-romaine)		1	7		27 gr.	20
4.076		Maré	1	8	56		217 gr.	60
6.144		Livre romaine... 1	1 1/2 12	34		326 gr.	40
8.192		Livre catalane. 1 1 1/3	2	16	112		435 gr.	20

Après avoir été de 16 onces romaines ou 435 gr. 20, la livre catalane a été ensuite réduite à 15 onces, soit à 408 gr.

D'après le code catalan de 1585 (G. 60) une once d'or vaut 28 sous de Barcelone, des sous de 30 à la livre de 408 gr. A raison de 30 à la livre, chacun de ces sous pèse 13 gr. 60 soit une demi-once romaine et les 28 sous ont, ensemble, un poids de 380 gr. 60, soit de 14 onces romaines, puisqu'une once d'or vaut 14 onces d'argent. Il en résulte que, dans le monnayage catalan, l'or vaut 14 fois son poids, en argent.

Sur cette base, le marc d'or, de 8 onces, valait, en argent, 112 onces-romaines, soit 74 livres 2/3 d'argent, puisque la livre catalane de l'argent est de 15 onces romaines, soit de 408 gr. Ce chiffre rompu de 74 2/3 livres montre que le marc d'or de Barcelone n'a pas été établi par voie de comparaison avec la livre catalane nouvelle. Il a été, au contraire, calculé en vue de représenter un rapport simple avec la livre de 16 onces romaines, de 435 gr. 20. En effet, ce marc pèse exactement la moitié de cette livre et, par suite, il a une valeur égale à 7 de ces livres ; à 7 fois ladite livre.

Cela donne à penser que, en Catalogne, il a été fait usage, non seulement de la livre romaine de 326 gr. 40, dont les sous sont issus, mais aussi de la livre de 16 onces romaines de 435 gr. 20. Au surplus, l'une et l'autre livre ne formaient qu'un tout. Comme en France, où la livre de Troyes était de 12 des 16 onces de Paris, en Catalogne la livre romaine était de 12

des 16 onces de la livre de 435 gr. 20. La première divisée en
12 onces et la seconde composée de 16 des mêmes onces.

31. — Il est établi, par les équivalences fournies au code
catalan de 1585, qu'alors le marc d'or de Valence, de même
poids que celui de Barcelone, ne valait que le quart de celui-ci,
en raison de la faiblesse de son titre. Par suite, l'or de Valence
ne valait que 3 fois 1/2 son poids d'argent, au lieu de 14 fois.

F. — *Marc de Vienne (Autriche).*

32. — D'après une charte de Frédéric II de 1240 (G. 10)
500 marcs de Vienne équivalaient à 562 1/2 marcs de Cologne ;
or, 500 sont à 562 1/2 comme 8 sont à 9.

Si donc, dirons-nous, le marc de Cologne pèse 232 gr. 10 2/3
(voir n° 39) le marc de Vienne en question, de ses 9/8, pèse
261 gr. 12. C'est le poids de 12 des 20 sous, de 21 gr. 76 l'un,
de la livre de 435 gr. 20 dans son aspect carolingien (voir n° 26).
L'on a ainsi, pour le marc de Vienne :

409	3/5	Sou				1		21 gr.	76
4.915	1/6	Marc		1		12		261 gr.	12
8.192		Livre	1	1	2/3	20		435 gr.	20

Parité : 15 des sous mentionnés ci-dessus égalent une livre
romaine de 326 gr. 40.

G. — *Livre de Norvège.*

33. — Les collecteurs apostoliques de 1327 donnent (G. 40)
7 onces 8 deniers au marc de Norvège, onces et deniers de la
livre pontificale d'Avignon, ce qui correspond (voir n° 56) à
217 gr. 2/9 pour le marc et à 434 gr. 4/9 pour la livre.

Cette livre, sauf un léger écart (dû à la corruption par usage
ou encore à une estimation arrondie par les collecteurs apostoliques) n'est autre que la livre de 16 onces romaines, de
435 gr. 20.

H. — *Marc de Cologne dit Kauffmann's mark.*

34. — Un marc de Cologne, dit *Kauffmann's mark*, (G. 97, p. 434, note 1) correspond à 135 deniers, sur les 144 du marc monétaire ; autrement dit il égale à 11 sous 1/4 de ce marc.

Le *Kauffmann's mark* est donc des 15/16 du marc monétaire de Cologne, de 232 gr. 10 2/3 (voir n° 39) il est donc de 217 gr. 60. Il se détaille comme suit, en y ajoutant la livre :

128	Zethyn					1	8 gr.	30
256	Lot				1	2	13 gr.	60
512	Once			1	2	4	27 gr.	20
4.096	Marc		1	8	16	32	217 gr.	60
8.192	Livre	1	2	16	32	64	435 gr.	20

Cette livre est identique à la livre carolingienne, sauf que celle-ci est divisée en 12 onces, tandis que, selon la coutume allemande, la livre, du double du *Kauffmann's mark*, est divisée en 16 onces.

I. — *Marcs d'Elbing et de Danzig.*

35. — En 1636 (G. 84, note 3) le marc de Danzig et le marc monétaire d'Elbing furent évalués à 124 engels de Hollánde et 6 as.

A raison de 2 grains 331 3/7 pour l'engel de Hollande et de 0 gr. 0 72 6/7 pour l'as (voir n° 53) cela fait 289 gr. 534 2/7. Cette évaluation d'usage correspond, suivant nous, à un marc de 8 des 12 onces de la livre de 16 onces romaines. L'on aurait ainsi :

682	2/3	Once		1	36 gr.	26	2/3
5.461	1/3	Marc	1	8	290 gr.	13	1/2
8.192		Livre	1	1 1/2 12	435 gr.	20	

Le marc en question serait donc constitué sur le modèle de la livre de Troyes, par 8 des 12 onces de la livre.

J. — *Livres de 16 onces romaines dans le midi de la France.*

36. — L'emploi de la livre de 16 onces romaines ne s'est pas limité, en France, à l'époque carolingienne; il a persisté dans certaines parties du midi jusqu'à l'établissement du système métrique décimal, au commencement du dernier siècle. En effet, la Commission départementale de l'Isère (G. 70) compte la livre de Grenoble à 442 gr. 762; celle des Hautes-Alpes estime la livre d'Embrun à 435 gr.; enfin, celle de la Lozère estime à 435 gr. 08 la livre du département.

Ces poids correspondent de façon évidente, à la livre de 16 onces romaines, à la livre de 435 gr. 20 poids théorique.

Mais la confusion constatée à propos de la livre de Flandre (voir n° 28) s'est également produite, dans le midi de la France, entre le poids de la livre de 16 onces romaines : 435 gr. 20 et celui de 14 onces de Paris : 428 gr. 40. L'irrégularité des étalons ne permettait guère de discerner la faible différence théorique qui sépare ces deux poids; les éléments constitutifs de la livre de 16 onces romaines étaient ignorés, tandis que les divisions de la livre de Paris et leur valeur courante étaient partout connus. Ainsi les 14 onces de Paris (qui n'apparaissaient point comme un poids arbitraire mais répondaient, en raison du rapport d'un à 14 entre la valeur de l'argent et celle de l'or, au poids d'argent représenté par une once d'or) sont apparues comme le poids régulier à adopter, comme le vrai déterminatif à utiliser pour fixer ce poids. Enfin, cette assimilation avait le grand avantage de rendre fort aisés les calculs de comparaison entre l'une et l'autre livre, comme entre leurs parties aliquotes, car leur rapport était celui, fort simple, de 14 à 16, de 7 à 8.

Un fait spécial contribuait parallèlement, dans le midi de la France, à faire admettre cette proportion : la livre la plus cou-

ramment employée était celle de 408 gr. dite poids de table.
Or, l'admission du poids de 14 onces de Paris, pour celle qui
nous occupe, avait pour conséquence heureuse d'établir, entre
elle et la livre poids de table, la relation commode de 20 à 21,
de 100 à 105.

37. — Le fait de l'emploi de ce rapport est attesté par M. G.
(G. 70) « Souvent, dans le midi de la France, dit notre auteur,
on comptait le quintal à 105 livres, au lieu de 100. C'est ce
qu'on appelait le quintal garni. Or, à Valence, poursuit-il, on
appelait poids de ville une livre dont 100 font un quintal égal
à 105 livres poids de table ».

Il s'agit bien là de la livre estimée à 14 onces de Paris, à
428 gr. 40. Cette livre n'a pas été en usage qu'à Valence.

En 1745, en réponse à un questionnaire envoyé par l'inten-
dant, la ville de Montpellier répondit (G. 73) que la livre est
composée de 16 onces, qui font 14 onces de Paris. La livre en
question, de 428 gr. 40 a donc été en vigueur à Montpellier. Il
a été de même à Lyon car, en 1706, Ricard écrivait (G. 107,
note 6) qu'à Lyon, le poids de ville était de 14 onces de Paris.

CHAPITRE III

A. — *Livre anglaise de la Tour.*

38. — La livre de 408 gr. était considérée, à la fois, comme constituée par 12 de ses onces, de 34 gr. l'une et comme équivalant à 15 onces romaines, de 27 gr. 20 l'une, qui constituaient la livre romaine de 326 gr. 40. Par suite la livre romaine, de 12 onces, se trouvait être des 4/5 de la livre de 408 gr. de 15 onces.

La livre de la Tour a été constituée sur le type fourni par le rapport entre ces deux livres. De même que la livre romaine de 326 gr. 40 contient les 4/5 (ou 12 des 15 onces) de la livre de 408 gr. de même la livre de la Tour est des 4/5 (ou 12 des 15 onces) de la livre de 435 gr. 20. Elle est donc de 348 gr. 16 et se détaille comme suit :

1.1	397/710	Grain......................					1	0 gr. 06	4/9
27.7	7/30	Denier ou sterling......			12	4		1 gr. 450	2/3
332	17/25	Sou		1	12	288		17 gr. 40	4/5
554	7/15	Once........	1	1 2/3	20	480		29 gr. 01	1/3
4.435	11/15	Marc. 1	8	13 1/3	160	3840		232 gr. 10	2/3
6.653	3/5	Livre I 1 1/2	12	20	240	5760		348 gr. 16	

En or, cette livre correspond à 1/14 de son poids d'argent, soit à 24 gr. 86 6/7 d'or. C'est l'once d'or, de la valeur d'une livre d'argent, 14 de ces onces ayant le même poids qu'une livre d'argent.

Plusieurs évaluations du marc de la Tour sont données. Citons les :

La première est celle fournie par le registre *Noster*, rédigé en France un peu après 1329. Elle est (G. 44 et 47, note 1) de 170 deniers sterlings pour le marc de Troyes. Si l'on ajoute 10 deniers sterlings au poids du marc de la Tour (1), l'on obtient 246 gr. 60 1/3 pour le marc de Troyes au lieu des 244 gr. 80 du poids théorique; l'estimation semble donc un peu forcée.

La seconde (G. 44) est tirée du même registre, elle donne 12 sous 11 deniers, soit 155 deniers au total, pour le poids du marc de Tours sur les 160 deniers du marc de la Tour, cela correspond, pour le marc de Tours à 224 gr. 85 1/3, au lieu des 229 gr. 50 de son poids théorique, mais la comparaison entre les deux marcs (comme nous l'avons dit au n° 12) a vraisemblablement été opérée en tenant compte de la différence de titre entre l'un et l'autre. Il en a été sans doute de même en ce qui concerne l'équivalence citée la première.

La troisième est fournie (G. 19) par les lettres de Henri VIII, de 1526, par lesquelles il substitue le poids de Troyes à celui de la Tour dans les utilisations monétaires. Il y est dit que la livre de la Tour pèse 11 1/4 onces de Troyes. S'il s'agissait, dans ces lettres, de la livre de Troyes française, la livre de la Tour se trouverait évaluée à 344 gr. 25. Si, au contraire, ce qui est pour ainsi dire certain, Henri VIII a voulu parler de la livre Troy anglaise, la livre de la Tour se trouve estimée à 349 gr. 68 1/4, au lieu des 348 gr. 16 du poids théorique.

Enfin, la quatrième, énoncée par Pegolotti, lequel écrivait en 1340, est de 8 onces 8 deniers sterlings ou 168 sterlings pour un marc de Troyes. Comme la livre de la Tour comprend 160 deniers, les 168 deniers donnent à ce marc la valeur de

(1) Comme la livre romaine, de 326 gr. 40, était encore celle monétaire d'Angleterre au xiii° siècle, la livre de la Tour n'a pu devenir qu'ensuite la livre monétaire anglaise.

20/21 du marc de Troyes. D'après cette estimation, le marc de la Tour, sur le pied de 244 gr. 80 pour le marc de Troyes, ressortirait à 234 gr. 73 1/7 et sa livre à 347 gr. 60 1/7. Autrement dit, si l'on prend pour point de départ le poids calculé du marc de la Tour, celui de Troyes ressortirait à 245 gr. 76, au lieu des 244 gr. 80 du poids théorique.

Ces diverses évaluations diffèrent si peu du poids théorique indiqué plus haut, de 232 gr. 10 2/3 pour le marc, qu'à notre avis elles le confirment au lieu de le contredire, étant donné surtout qu'elles sont exprimées en nombres arrondis et se basent sur des poids d'usage.

Il est difficile de préciser la date de la première utilisation du marc et de la livre de la Tour, mais nous n'avons pas trouvé trace de son emploi avant le xiiie siècle.

B. — *Livre monétaire et marc de Cologne.*

39. — La livre monétaire de Cologne est des 16/15 de la livre de 435 gr. 20 ou 16 onces romaines. La livre de 408 gr. était de 15 onces romaines. En lui ajoutant une once a été constituée, sur le type de la livre de Paris, la livre de 16 onces romaines. A son tour, cette dernière a pu être considérée comme de 15 onces. Elle aurait été accrue de 1/15 et, ainsi, la livre monétaire de Cologne aurait été constituée par les 16/15 de la livre de 435 gr. 20 par suite, son poids ressort à 464 gr. 21 1/3 et elle s'est trouvée avec la livre de 435 gr. 20 dans le même rapport de 16 à 15 que la livre de Paris à l'égard de la livre soutive ou marchande, la livre monétaire de Cologne se décompose comme suit :

		Livre	Marc	Once	Sou	Lot	Denier	Poids	
30.8 1/27	Denier						1	1 gr. 61	5/27
257.2 2/3	Lot (demi-once)					1	9	14 gr. 60	2/3
363.9 7/9	Sou (1/12 de marc)				1	1 1/3	12	19 gr. 34	2/9
544.4 2/3	Once			1	1 1/2	2	18	29 gr. 01	1/3
4.355.7 1/3	Marc		1	8	12	16	144	232 gr. 10	2/3
8.711.4 2/3	Livre	1	2	16	24	32	288	464 gr. 21	1/3

L'once de Cologne est des 16/15 de l'once romaine ; 15 lots de Cologne égalent le marc de 8 onces romaines, soit de 217 gr. 60 ; le marc de Cologne égale le marc anglais de la Tour.

La livre monétaire de Cologne (voir n° 48) égale aux 9/10 de la livre de poids de Cologne. Par suite, le marc de poids égale à 160 des 144 deniers du marc monétaire.

L'identité du marc de Cologne et de celui de la Tour est affirmée par Pegolotti (G. 91). De plus M. G. indique (G. 92) que la plus récente pesée officielle du marc de Cologne, faite en 1829, donne, à ce marc, 233 gr. 8124 ; ce poids justifie donc celui théorique qui vient d'être indiqué. M. G. ajoute que le Congrès monétaire d'Augsbourg, tenu en 1760, a officiellement admis le rapport de 5 à 6 entre le marc de Cologne et le marc de Vienne (Autriche). Examinons cette équivalence.

40. — Le marc de Vienne (voir n° 51) est de moitié de la livre de Vienne, laquelle contient 1 1/2 livre troy anglaise. Cela donne, au marc de Vienne, des 3/4 de la livre Troy, une valeur de 5.266 2/7 grains de Paris et de 279 gr. 77 1/7. Nous venons de voir, par le détail ci-dessus du poids théorique du marc de Cologne, qu'il contient 4.355 7 1/3 grains de Paris et pèse 232 gr. 10 2/3. Sur cette double base on a :

Pour 6 marcs de Cologne 26.134.4 grains de Paris et 1 k. 392 gr. 64.

Pour 5 marcs de Vienne 26.331.3/7 grains de Paris et 1 k. 398 gr. 85 5/7.

On voit ainsi que la proportion de 5 à 6 n'est qu'approximativement et non pas rigoureusement exacte, que l'un ou l'autre, sinon l'un et l'autre des marcs ainsi rapprochés ont dû subir une légère altération pour arriver à la proportion décrétée par le Congrès (voir n° 51).

Quant au marc de Cologne, il est extrêmement probable, sinon certain, que, base fondamentale de la plupart des monnayages allemands, s'il a subi une modification, elle a dû être extrêmement légère, plutôt une rectification qu'un véritable changement et que c'est surtout le marc de Vienne qui a supporté la principale, sinon l'unique altération.

41. — Dans le marc de Cologne, il était taillé 67 ducats, le Congrès d'Augsbourg (G, p. 428, note 3) partagea le ducat en 60 as, dont 4020 formèrent un marc de Cologne et 4824 le marc de Vienne. Par suite, ce dernier se trouva équivaloir à 80 2/5 ducats. Ainsi 5 marcs de Vienne fournissaient 402 ducats et 5 marcs de Cologne en donnaient 335.

42. — M. G. (G. 97) fournit une indication sur le titre appliqué au monnayage de Cologne dans le dernier tiers du XIIe siècle ; 56 marcs de Cologne contenaient 50 marcs d'argent de Ramesberch (le Rameslberg est un des principaux sommets de la chaîne du Hartz).

Si donc l'on admet que l'argent cité a été considéré comme pur, le titre du marc aurait été de 50 de fin pour 56 de taille, autrement dit de 100 de fin pour 112 de taille, ce qui revient à un titre de 392 millième 6/7. Mais, peut-être, comme il arrive fréquemment, le nombre de 56 marcs est-il un chiffre arrondi. Si l'on mettait en parallèle 50 de fin et 55 5/9 de taille, le titre ressortirait à 9/10 de fin.

43. — A partir du XVIe siècle (G. 101), une comparaison fut établie entre le marc de Cologne et la livre de Paris. Celle-ci était divisée en 128 gros ; le marc de Cologne fut considéré comme divisé en un nombre double de deniers, soit en 256 deniers, ce qui attribuait à l'once 32 deniers, au sou 21 1/3 deniers et au lot 16 deniers. A chacun des deniers fut attribuée la valeur de 17 grains de Paris ou aschen (singulier as). Ainsi, le marc monétaire de Cologne se trouva évalué à 4,352 as ou grains de Paris, au lieu des 4,355,7 1/3 grains du poids théorique. L'écart est absolument insignifiant.

Ce mode de procéder établissait, notons-le, entre le marc de Cologne et celui de Paris un rapport de 17 à 18 (4,352 grains pour Cologne et 4,608 pour Paris), presque absolument exacte ; l'écart sur cette proportion n'est, en effet, comme on vient de le voir, que de 3 grains de Paris 73 1/3 par marc de Cologne.

Le marc de poids de Cologne excède de 1/9 le marc monétaire. Chacun de ses deniers, de 256 au marc, ressortait ainsi à
18 as 8/9 pour 17 as du marc monétaire. Le chiffre fut arrondi
à 19 as, ce qui a donné, au marc de poids, l'équivalence de
4,864 grains de Paris au lieu de 4,839 32/27 grains indiqués
par la théorie. Sur le pied de 18 8/9 grains, il se fut agi de
4,835 5/9 grains. L'écart est également négligeable en pratique.

Une autre transformation fut opérée. Le nombre de 4,864 as,
qui était celui d'abord attribué au seul marc de poids, le fut à
l'un et à l'autre des deux marcs mais, comme le marc monétaire ne valait que les 9/10 du marc de poids, il fallait accroître
de 1/9 le nombre des as du marc monétaire pour obtenir le
nombre de ceux applicables aux marcs de poids. Il était donc
nécessaire de 33 1/3 de ces as, par exemple, pour équivaloir à
30 as du marc de poids. A noter que, sauf une différence insignifiante (une différence de 1/9 d'as, sur 19 as), le résultat
était le même que celui obtenu par le procédé antérieur. A
l'inverse, pour obtenir, en ce qui concerne le marc monétaire,
le nombre approximatif de grains de Paris, il fallait diminuer
de 1/10 le nombre d'as.

A noter que, fort improprement, le nom d'as de Hollande est
parfois donné à l'une quelconque des espèces d'as qui viennent
d'être mentionnées. Ce nom n'appartient régulièrement qu'aux
as (voir n° 53) dont les 5,120 constituent le marc de Hollande
et qui pèsent chacun 0 gr. 072 6/7 tandis que le grain de Paris,
l'as des 4,352 au marc de Cologne, ne pèse que 0 gr. 053 1/8.

44. — L'usage du marc de Cologne, nous entendons par là
le marc monétaire, s'est fort répandu (G. 102).

Il était le poids monétaire par excellence en Allemagne. Il
faisait concurrence au marc de Troyes en Danemark-Norvège,
où le roi Christian II l'avait adopté en 1514. A Hambourg, il
constituait également le poids monétaire. Dans les Pays-Bas,
où le marc de Troyes (ou troy) était en vigueur, la livre de
2 marcs de Cologne constituait le poids marchand, sous le nom

de livre de Brabant ou d'Anvers. Même en Flandre, cette livre était parfois préférée.

45. — A Vezelay (G. 103) en 1187, il fut établi que le marc de Cologne serait seul en usage.

46. — Le roi Alphonse de Castille, en 1348 (G. 104) décida que le poids monétaire et pour les métaux précieux serait le marc de Cologne et que le poids marchand serait celui de Troyes. En 1799 (G. 104) la livre de deux marcs de Castille fut évaluée à 460 gr. 093. Elle avait donc subi, du fait de l'usage, un certain affaiblissement par rapport à son poids théorique de 464 gr. 21 1/3. Il en est de même en Portugal, où, en 1815, l'étalon de l'arratel (de ratl, livre en arabe) fut évaluée à 459 gr. Ainsi, par cas certainement fortuit, il en était arrivé à égaler le marc de Tours (voir n° 9).

Une ordonnance du roi Jean II de Castille, rendue en 1442 (G. 21) dit que le roi a adopté, pour son doublon, le poids de celui des rois maures de Grenade et qu'il a été constaté que ce dernier, tel qu'il était fabriqué à la monnaie de Malaga, au titre de 19 kirats (sur 24) était contenu 49 fois dans le marc.

Sur le pied de 460 gr. 093, qui vient d'être indiqué pour le poids d'usage de la livre, le marc ressort à 230 gr. 046 1/2 et le doublon à 4 gr. 698 13/49. Il s'agit là du mesqâl d'el Mansour (voir n° 80) de 1/72 de livre égypto-romaine de 340 gr.; son poids théorique est donc de 4 gr. 72 2/9. La différence avec le chiffre de 4 gr. 698 13/49 est insignifiante. Il ne faudrait pas toutefois considérer ce dernier poids comme donnant exactement celui d'usage du mesqâl d'or, car en taillant un nombre rond de pièces dans un marc, un léger écart est presque nécessairement négligé.

C. — *Livre de poids de Cologne.*

47. — La livre marchande de Suède (voir n° 101) excédait de 1/9 la livre monétaire.

Sur ce modèle, sans doute, la livre de poids de Cologne a été fixée aux 10/9 de la livre monétaire. Puisque la livre monétaire pèse 464 gr. 21 1/3, la livre de poids ressort à 515 gr. 79 7/27. Cette livre se détaille comme suit :

33	2371/3888	Denier.....................				1	1	1 gr. 79	23/243
302	211/432	Lot (demi-once)..........			1		9	16 gr. 11	23/27
403	103/324	Sou..................		1	1 1/3	12		21 gr. 49	11/81
604	211/216	Once..............	1	1 1/2	2		18	32 gr. 23	19/27
4.839	22/27	Marc..........	1	8	12	16	144	257 gr. 89	17/27
9.679	17/27	Livre..........	2	16	24	32	288	515 gr. 79	7/27

M. G. (C. 97) indique expressément le rapport de 10/9 de la livre de poids, par comparaison avec la livre monétaire, en disant que le marc de la livre de poids égale à 160 des deniers dont les 144 constituent la livre monétaire. Il cite, à ce propos, la convention conclue en 1282, entre Rodolphe de Habsbourg et l'archevêque de Cologne, laquelle parle d'un denier de 160 au marc. Ces 160 deniers, taillés dans le marc de poids, donnent 144 deniers au marc monétaire.

48. — Observons que si, par hypothèse, l'on considérait la livre marchande de Cologne, non plus comme supérieure de 1/9 à la livre monétaire, mais comme inférieure de 1/10 à celle-ci, la même proportion et toutes celles qui en découlent se trouveraient également maintenues. En effet, dans cette hypothèse, 144 des deniers de la livre monétaire vaudraient 160 des deniers de la livre marchande, puisque, alors, la livre monétaire vaudrait les 10/9 de la livre marchande. Les rôles seraient simplement renversés et celui attribué, dans la supposition d'un excédent de 1 9 de la livre marchande sur la livre monétaire, reviendrait à la livre monétaire, par rapport à une livre marchande de ses 9/10.

Si, dans le décompte ci-dessus de la livre de poids, nous avons indiqué la livre de poids comme supérieure de 1/9 à la livre monétaire, ce n'est que sous les plus expresses réserves, car il nous paraît extrêmement probable que la proportion doit être renversée, que c'est la livre monétaire qui, dans le système de Cologne, dépasse de 1/9 la livre marchande.

Un très fort argument milite dans ce sens. Si l'on veut bien se reporter au n°ˢ 100, 101, 103 et 104 ci-après, l'on verra que, en Suède, il existait une livre marchande de 472 gr. 2/9 et une livre monétaire des 9/10 de celle-ci, c'est-à-dire de 425 gr. De l'examen du poids attribué, en Suède, au marc de Cologne, il résulte que, à l'origine, ce marc devait avoir, comme poids régulier théorique, la moitié de celui de la livre marchande de Suède, soit le poids du marc de cette livre 236 gr. 1/9, et non celui de 232 gr. 10 2/3, calculé sur la base d'une transformation de la livre de 16 onces romaines.

Si, comme cette constatation nous porte à le croire, la livre marchande de Suède a été prise, à Cologne, comme poids monétaire, il est absolument logique de supposer qu'à Cologne, la livre monétaire de Suède (de 425 gr. poids théorique) est devenue, par inversion, la livre marchande.

Sur la base des 464 gr. 21 1/3 donnés la livre monétaire pour 472 gr. 2/9, la livre marchande de Cologne ressortirait à 417 gr. 79 pour 425 gr. poids théorique.

Ainsi la livre marchande de Cologne se rattacherait à un poids théorique connu et ne constituerait pas une unité exceptionnelle.

D. — *Livre troy anglaise.*

49. — Cette livre a été formée en prenant pour base la livre de la Tour. Celle-ci, de 12 onces d'argent, a pour équivalence, 1 once d'or, de 24 gr. 86 6/7. La livre troy a été constituée par un poids de 15 de ces onces. Son poids est donc des 15-14 de celui de la livre de la Tour. Il ressort ainsi à 373 gr. 02 6/7.

Ce poids théorique diffère extrêmement peu, notons-le immédiatement, de celui officiel anglais, fixé, en 1834, à 373 gr. 242.24, lequel résulte de l'attribution de 7.000 grains troy à la livre avoir-du-poids, de 453 gr. 593, alors que la livre troy se divise en 5.760 grains.

Ce nombre rond de 7.000 grains, attribué à la livre avoir-du-poids, a été évidemment adopté en vue de rendre plus faciles les calculs de comparaisons entre les deux livres. Il apparaît, toutefois, comme extrêmement proche de l'exactitude. En effet (G. 79) l'évaluation courante au xviiie siècle était de 7.008 grains; celle communiquée à Tillet, en 1766, était de 7.005 grains; celle admise par la Société royale de Londres, en 1722, de 7.004 grains; enfin, certains auteurs admettaient 6,999 grains 1/4.

Il est à noter que, sur les bases théoriques de 373 gr. 02 6/7 pour la livre troy et de 453 gr. 1/3 pour la livre avoir-du-poids 7.000 grains troy, à 0 gr. 06478 11/63, font 453 gr. 47 14/63. Le nombre rond de 7.000 grains ne diffère donc que dans une proportion absolument infime de celui qui résulterait du poids théorique. Ce nombre serait, en effet, de 6.997 grains 2/3.

Quant à la prétendue égalité de poids entre la livre troy anglaise et la livre de Troyes française, égalité constamment énoncée dans les documents français, elle est simplement approximative, cela en accord avec l'habitude constante, chez les anciens auteurs, d'exprimer les parités *grosso modo*, à quelque chose près, par des nombres arrondis, en négligeant les fractions; ils suivaient, en cela, une pratique commerciale simpliste et courante.

L'équivalence avec la livre de Troyes française ne donne, à la livre troy anglaise, qu'une valeur de 367 gr. 20, soit de 6.912 grains de Paris. Or, sur le pied de 373 gr. 02 6/7 pour la livre troy, et de 0 gr. 053 1/8 pour le grain de Paris, la livre troy anglaise se trouve équivaloir à 7.021 grains 5/7.

L'évaluation officielle anglaise de 373 gr. 242,24 pour la livre troy donne, à celle-ci une valeur de 7.021 grains de Paris, bien proche on le voit, de celle indiquée par la théorie : 7.021 grains 5/7.

Il est ainsi démontré : et que l'on ne saurait considérer comme effective la prétendue égalité entre la livre de Troyes et la livre troy, et que le poids théorique calculé de cette livre est bien celui qui doit lui être attribué. Les différences infimes, constatées entre ce poids et celui d'usage, ne font que confirmer cette double conclusion.

En prenant pour base la valeur officielle anglaise de 373 gr. 242 (au lieu de celle théorique, pratiquement la même, de 373 gr. 02 6/7) et en lui donnant la valeur de 7.021 grains de Paris (au lieu de celle théorique de 7.021 grains 5/7) la livre troy se détaille comme suit (1) :

1.2	109/576	Grain...........................			1		0 gr. 0648
29.2	13/24	Pennyweight................		1	24		1 gr. 555.171
535.1	1/12	Once.....................	1	20	480		31 gr. 103.42
7.021		Livre..................	1	12	240	5.760	373 gr. 242

La première mention de la livre troy (G. 27) qui ait été jusqu'ici rencontrée est celle contenue dans le statut 2 de la deuxième année de Henri V (1414).

50. — A titre de hors d'œuvre (G. 27, p. 185, note 1) mentionnons un statut de la deuxième année d'Henri VII (1496-1497) où le gallon est fixé à huit livres et le bushell à 8 gallons. Cela donne, en eau, au gallon, la capacité de 2 litres 88 cent. 422 6/7 d'eau et, au bushell, celle de 23 litres 67 cent. 383 6/7.

E. — *Livre moderne de Vienne (Autriche).*

51. — Cette livre égale (G. 91) à une et demie livre troy. Elle se détaille comme suit :

Grains de Paris

82	2/7	Quent ou quet..........................	1		4 gr. 37 1/7
164	4/7	Zethyn	1	2	8 gr. 74 2/7

(1) Il est à noter que le poids théorique de la livre troy : 373 gr. 02 6/7, est des 6/7 de la livre de 16 onces romaines ou 433 gr. 20.

Grains de Paris

369 1/7	Lot					1	2	4	17 gr. 48 4/7
658 2/7	Once				1	2	4	8	34 gr. 97 1/7
1.316 4/7	Viertel			1	2	4	8	16	69 gr. 94 3/7
2.633 1/7	Demi-marc		1	2	4	8	16	32	139 gr. 88 4/7
5.266 2/7	Marc	1	2	4	8	16	32	64	279 gr. 77 1/7
10.532 4/7	Livre	1	2	4	8	16	32	64	128	559 gr. 54 2/7

Par voie de dédoublement continu de son poids, la livre de Vienne en arrive (voir n° 5) à se diviser en 131.072 reichtpfennigen Theil. Le marc de Vienne (voir n° 41) égalait à 4824 des as dont 60 faisaient un ducat d'or.

Le marc de Vienne (G. 107) est évalué à 280 gr. 668 ; Tillet l'avait estimé à 5.282 grains de Paris, soit à 280 gr. 553. Ces deux poids diffèrent assez peu du poids théorique pour justifier ce dernier.

Un léger écart (G. 107) est signalé entre la livre marchande de Vienne, évaluée à 10.544 grains de Paris, soit 560 gr. 044 et la livre monétaire, estimée à 10.568 grains de Paris ou 561 gr. 319.

La livre marchande est vraisemblablement la plus ancienne tandis que la livre monétaire est celle qui résulte de la décision du Congrès monétaire d'Augsbourg (voir n° 41) qui a fixé aux 6/5 du marc de Cologne le poids du marc de Vienne.

En effet, sur la base de 232 gr. 8123 du poids constaté du marc de Cologne, le marc de Vienne, de ses 6/5, ressort à 280 gr. 564.76 et la livre à 561 gr. 129.52. Ces poids sont ceux de l'équivalence d'Augsbourg ; ils sont en accord avec l'estimation de Tillet : 280 gr. 553, comme avec le pesage de la livre de Vienne : 560 gr. 048. La livre marchande, estimée à 24 grains de Paris de plus que la livre monétaire, était donc celle en usage avant le Congrès.

52. — La livre de Munich a été officiellement évaluée, en 1809, à 560 gr. en chiffre rond ; elle correspond donc à la livre monétaire de Vienne.

F. — *Poids des Pays-Bas.*

53. — Souvent, les poids des Pays-Bas ont été considérés comme égaux à ceux de Troyes, tandis qu'ils sont issus, croyons-nous, de la livre troy anglaise. Une preuve décisive est fournie, à cet égard, par le fait que, en 1529, Charles Quint envoya (G. 26) étalonner à Paris un poids de deux marcs, dont on se servait dans les monnaies de ses Pays-Bas. Ce poids, comparé avec l'étalon de la Chambre des Monnaies, fut trouvé trop fort de 24 grains par marc. De plus, en 1756, le gouvernement des Pays-Bas Autrichiens fit vérifier, à Paris, un nouvel étalon ; il en profita pour faire confronter, avec l'étalon de Paris, l'étalon de 1529 et l'on trouva que celui-ci était encore trop fort de 21 grains par marc.

Or, si l'on compare les poids dérivés de la livre française de Troyes avec ceux issus de la livre troy anglaise, il en résulte le tableau suivant :

Poids de Troyes Grains de Paris			Poids troy. Grains de Paris		
Marc	4.608	244 gr. 80	Marc	4.681 1/7	248 gr. 68 4/7
Livre	6.912	367 gr. 20	Livre	7.021 5/7	373 gr. 02 6/7
Double-Marc	9.216	489 gr. 60	Double-Marc	9.362 2/7	497 gr. 37 1/7

On voit ainsi que le marc troy excède de 73 grains 1/7 le marc de Troyes au lieu des 24 grains de l'écart constaté en 1529, des 21 grains de la vérification de 1756. Et qu'on ne s'étonne point de l'écart constaté entre ces diverses vérifications : l'étalon de Paris, déposé au Conservatoire des Arts et métiers, étalon désigné sous le nom de Pile de Charlemagne, est composé de toute une série de pièces qui s'emboîtent les unes dans les autres et fournissent, chacune, l'équivalence d'un plus ou moins grand nombre de marcs. Dans ces conditions, l'évaluation du marc diffère selon qu'on fait une moyenne sur le poids entier ou qu'on détaille chaque poids séparément.

Comme conclusion, la valeur théorique des poids des Pays-Bas doit être calculée d'après la livre troy anglaise et non d'après la livre de Troyes française.

Mais, dans les Pays-Bas comme partout ailleurs, les poids d'usage n'ont pas été absolument conformes à ceux théoriques. Ainsi (G. 26) la commission qui fonctionna en l'an IX dans le département de la Dyle détermina la livre de Bruxelles à 492 gr. 15182 et, en 1799, les députés de la République Batave à la Commission des poids et mesures comparèrent le kilogramme avec le Dormant d'Amsterdam et lui trouvèrent 492 gr. 17772. Il s'était donc produit un léger affaiblissement par rapport au poids théorique, mais non par comparaison avec l'étalon de 1529 qui équivalait, pour 2 marcs, à 9.264 grains de Paris, soit à 492 gr. 15.

Sur la base de 373 gr. 02 6/7 pour la livre troy, la livre des Pays-Bas se détaille comme suit :

Grains de Paris

1.3 53/78	As (pl. aschen)				1		0 gr. 072 6/7
43.8 5/7	Denier ou engel...........	1			32		2 gr. 331 3/7
877 5/7	Once................	1	20		640		46 gr. 62 6/7
7.021 5/7	Marc.(Livre troy) 1	8	160		5420		373 gr. 02 6/7
9.362 2/7	Livre.........1	1 1/3	10 2/3	213 1/3	6826 2/3		497 gr. 37 1/7

Très approximativement, 5 onces de Hollande, ensemble 3.200 as, 233 gr. 14 2/7 et 4388 4/7 grains de Paris, égalent un marc monétaire de Cologne, de 232 gr. 10 2/3 et 4.355.7 1/3 grains de Paris.

La livre d'Amsterdam de 1 1/3 livre troy, est des 8/9 de la livre monétaire de Vienne, de 1 1/2 livre troy.

TROISIÈME PARTIE

EMPLOI DU TALENT BABYLONIEN FORT

---

54. — Le talent type babylonien, le talent-type perse de
l'époque achéménide, pèse, nous l'avons dit, 32 k. 640 grammes.
Il se divise, rappelons-le, en 60 mines de 544 gr. Chacune de
ces mines se divise, à son tour, en 96 sicles ou drachmes
faibles de 5 gr. 44 et en 96 sicles forts, de 5 gr. 2/3 l'un. Sur
la base de 100 de ces sicles forts, il a été constitué une mine
de 566 gr. 2/3, dont les 60 constituent le talent fort babylonien
de 34 kgs. Il est des 25/24 de celui normal de 32 k. 640 gr. Le
talent de 32 kg. 640 gr. a été divisé en 100 livres, de 326 gr. 40
l'une, ce qui est le poids de la livre romaine ; de même le talent
fort de 34 k. a été divisé en 100 livres, de 340 gr. l'une : c'est
le poids de la livre égypto-romaine, égal à celui de 12 1/2 onces
romaines de 27 gr. 20 l'une.

Nous allons indiquer, ci-après, les emplois de cette livre.

CHAPITRE PREMIER

EMPLOIS DIRECTS

A. — *Livre suédoise du fer.*

55. — En Suède, une livre dite *jern och kopparvigt*, livre du fer et du cuivre, ou encore *stappelistadt vigt*, livre des villes d'entrepôt, est encore en vigueur. Elle est (G. 81) du poids de 4/5 de la livre monétaire de Suède.

Comme le poids théorique de la livre monétaire de Suède (voir n° 100) est de 425 gr., la livre de ses 4/5 pèse donc 340 gr. C'est une livre égypto-romaine.

D'après la méthode allemande et suédoise du dédoublement successif, la livre suédoise de 340 gr. se détaille comme suit :

Grains de Paris

							Poids
200	Lot						1	10 gr. 62 1/2
400	Once					1	2	21 gr. 25
800	Viertel				1	2	4	42 gr. 50
1.600	Demi-marc			1	2	4	8	85 gr.
3.200	Marc		1	2	4	8	16	170 gr.
6.400	Livre	1	2	4	8	16	32	340 gr.

B. — *Livre et marcs divers.*

56. — A la Cour Pontificale d'Avignon, la livre de 340 gr. se divisait comme suit :

Grains de Paris

22 2/9	Scrupule				1	1 gr. 18 1/18
44 4/9	Denier			1	2	2 gr. 36 1/9
533 1/3	Once		1	12	24	28 gr. 1/3
4.266 2/3	Marc	1	8	96	192	226 gr. 2/3 .
6.400	Livre	1	1 1/2	12	144	288	340 gr.

Cette livre paraît avoir été en usage en Italie, dès l'invasion barbare. Elle semble y avoir été employée dès le temps des Romains, tout au moins dans certains cas : par exemple pour peser le blé de l'annone, importé d'Égypte.

A un certain moment, la division en 16 onces, par imitation de la livre de Paris et de la plupart des autres livres employées au moyen âge, a dû être appliquée à cette livre. Nous verrons, en effet, au chapitre suivant, qu'une livre très répandue, a été formée de 15 des 16 onces de la livre de 340 gr.

57. — A Florence, tout au moins dans l'emploi monétaire, la livre a été modifiée comme suit dans son mode de division.

Grains de Paris

66 2/3	Florin			1	3 gr. 54 1/6
533 1/3	Once		1	8	28 gr. 1/3
4.266 2/3	Marc	1	8	64	226 gr. 2/3
6.400	Livre	1	1 1/2	12	96	340 gr.

Le florin égale la drachme égypto-romaine, de 1/96 de la livre.

Au XIVe siècle (G. 77) il était officiellement admis en France que 70 florins de Florence devaient peser un marc de Paris. La fraction a été négligée, car le florin de Florence pèse 66 grains 2/3, et le marc de Paris 4.608 grains ; cette proportion ne donnerait que 69 florins 3/25 et non 70 florins, au marc de Paris.

En 1766, la livre de Florence a été évaluée par Tillet à 6.392 grains de Paris, au lieu des 6.400 grains du poids régulier. La différence est insignifiante. Il en est de même par rapport à l'estimation de Pegolotti : 6.384 grains (G. 77).

58. — Le marc de Limoges est évalué (G. 78) à 4.270 grains de Paris, au lieu des 4.266 grains 2/3 du poids théorique. Ce marc est donc identique à celui de Florence.

59. — Il en est de même du **marc de Chypre**, évalué par Pegelotti à une valeur égale à celle du marc de la Cour d'Avignon, sauf une infime différence de 3/1280.

On voit que le marc de la livre égypto-romaine n'a pas uniquement été employé en Italie.

60. — Au commencement du xıxᵉ siècle (G. 106) la livre de Ravenne fut évaluée à 347 gr. 4323 ; celle de Rimini à 345 gr. 5166, et celle de Ferrare à 345 gr. 1373. Ces livres nous apparaissent comme des livres dont le poids régulier de 340 gr. a été corrompu par l'usage, en raison de la tendance au renforcement, très souvent constatée en Italie.

C. — *Livre marchande de Nuremberg.*

61. — Cette livre, qu'il ne faut pas confondre avec la livre monétaire ou encore avec la livre médicinale de Nuremberg, a pour équivalence (G. 80) 9.600 grains de Paris et 4/5. Celle de l'once est de 599 7/8 grains. Si nous adoptons le chiffre rond de 9.600 grains pour la livre de 16 onces, le poids de la livre en question ressort à 510 grammes.

Elle a donc, pour parité, une fois et demie la livre égypto-romaine de 340 gr. Ainsi elle apparaît comme formée sur le modèle de la livre de Paris, qui comprend 18 onces romaines, soit une fois et demie la livre romaine de 12 onces.

Elle peut toutefois reproduire simplement la mine d'Alexandrie du même poids de 510 gr., composée de 12 onces de 42 gr. 1/2, chacune de ces onces contenant 12 des drachmes de 3 gr. 541 2/3, dont 96 font la livre égypto-romaine. Cette mine a été conservée par les Arabes sous le nom de ratl d'Abul Mélik, car chacune des onces égalait à 10 des dinars de ce calife, dinars du poids de 4 gr. 25 l'un.

Si l'on applique, à la livre marchande de Nuremberg, les divisions d'ordinaire employées dans les livres allemandes (G. 100) il en résulte le tableau suivant :

Grains de Paris

75	Quent ou quet								1	3 gr. 98 7/16
150	Zethyn							1	2	7 gr. 96 7/8
300	Lot						1	2	4	15 gr. 1 15/16
600	Once					1	2	4	8	31 gr. 7/8
1.200	Viertel (fierton)				1	2	4	8	16	63 gr. 3/4
2.400	Demi-marc			1	2	4	8	16	32	127 gr. 1/2
4.800	Marc		1	2	4	8	16	32	64	255 gr.
9.600	Livre	1	2	4	8	16	32	64	128	310 gr.

A l'exemple de la livre de Charlemagne et de Paris, la livre marchande de Nuremberg se divise, comme on le voit, en 16 onces. C'est là une règle pour ainsi dire générale, en ce qui concerne les livres allemandes ; le marc se divise toujours en 8 onces.

D. — *Livre avoir-du-poids anglaise.*

62. — La livre de Paris comprenait 18 onces romaines, mais elle était divisée en 16 onces. La livre avoir-du-poids a été constituée sur le même modèle ; elle a été formée de 16 des 12 onces de la livre égypto-romaine, dont chacune pèse 28 gr. 1/3. Le poids théorique de ces 16 onces est de 453 gr. 1/3 ; c'est celui de la livre avoir-du-poids, à rapprocher de son poids officiel de 453 gr. 593, qui résulte de l'attribution, à cette livre, d'une équivalence de 7.000 grains troy. (Voir n° 49).

On le voit, le poids théorique et celui officiel anglais ne diffèrent que d'un appoint tellement insignifiant qu'en pratique, les deux poids peuvent être considérés comme égaux.

La livre avoir-du-poids se détaille donc comme suit :

Grains de Paris		Poids théorique		Poids d'usage.
533 1/3	Once......................	1	28 gr. 1/3	28 gr. 349 9/16
8.533 1/3	Livre......................	16	453 gr. 1/3	453 gr. 593

Les plus anciens étalons de la livre avoir-du-poids (G. 70) ne remontent pas au delà du règne d'Elisabeth (1558-1603).

CHAPITRE II

EMPLOI DE LA LIVRE DE 15 DES 16 ONCES
DE LA LIVRE ÉGYPTO-ROMAINE

---

63. — Chez les peuples anciens, le rapport de 24 à 25, entre les poids, a été celui dominant. Au moyen âge, c'est le rapport de 15 à 16 qui a prévalu. A la livre de Paris de 16 onces, correspond la livre soutive qui vaut 15 des mêmes onces. A la livre de 435 gr. 20 correspond celle de 408 gr., de 15 des 16 onces de celle de 435 gr. 20.

De même, à la livre égypto-romaine de 340 gr. correspond, comme parallèle, une livre de 15 des 16 onces de 21 gr. 25 qui équivalent à 340 gr. Cette livre réduite pèse 318 gr. 75. C'est celle parfois désignée sous le nom de livre romaine affaiblie. Nous allons indiquer ses applications. Notons, comme parité, qu'elle égale aux 9/10 de la livre égypto-romaine pour les matières précieuses, de 354 gr. 16 2/3. (Voir n° 92).

A. — *Livre de la soie de Venise (première formation).*

64. — Pegolotti nous apprend (G. 37) que 100 livres de Paris font 144 livres de la soie, à Venise. Comme la livre marchande de Paris, base des comparaisons de Pegolotti, pèse 459 gr., la livre de la soie de Venise ressort à 318 gr. 75.

Elle se divise comme suit :

Grains de Paris

500	Once....................................				1	26 gr. 56 1/4
4.500	Marc...................................		1		9	239 gr. 06 1/4
6.000	Livre.................................	1	1 1/3	12	318 gr. 75

Cette livre égale aux 9/10 de la livre monétaire de Venise, de 354 gr. 1/6 (voir n° 92).

B. — *Livre grosse de Gênes.*

65. — En 1806 (G. 37) la livre de Gênes, dite livre subtile, a été évaluée à 316 gr. 778 et la livre grosse à 317 gr. 664. Pour nous, la livre subtile a pour type la livre de 314 gr. 84/27, le ratl de 100 derhams d'el Mansour (voir n° 80) et la livre grosse, la livre de 318 gr. 75. C'est, à notre avis, par corruption que les deux poids se sont trouvés rapprochés.

La livre grosse de Gênes se détaille comme suit :

Grains de Paris

500	Once....................................				1	26 gr. 56 1/4
4.500	Marc...................................		1		9	239 gr. 06 1/4
6.000	Livre.................................	1	1 1/3	12	318 gr. 75
9.000	Rotolo.................	1	1 1/2	2	18	478 gr. 12 1/2

La livre ainsi détaillée est des 15/16 de la livre de Florence de par sa constitution même, puisque la livre de Florence est la livre égypto-romaine et les 15/16 égalent à 180/192. Par suite, dans la livre de Gênes, il peut être taillé 90 des 96 florins entre lesquels se divise la livre de Florence, puisque 180/192 sont la même chose que 90/96. C'est ce qui a eu lieu.

Toutefois M. G. (note 6 de la p. 195) indique un acte de 1348 où il est dit que 14 florins de Gênes pesaient 1 once 7/8 de Gênes. Comme il est taillé 8 florins dans l'once de Florence, 14 florins représentent 1 once 6/8 de Florence. Le rapport entre l'once de Florence et l'once de Gênes serait ainsi celui de 18 à 19 au lieu de celui réel de 180 à 192. Comme de coutume, la fraction a été négligée dans l'acte en question et la comparaison a été opérée en chiffres arrondis : 18 à 19 au lieu de 18 à 19.2.

C. — *Livre subtile de Nîmes-Montpellier.*

66. — Cette livre se détaille comme suit :

Grains de Paris.

500	Once............		1		26 gr. 56 1/4
4.500	Marc............	1	9		239 gr. 06 1/4
6.000	Livre............	1	1 1/3	12	318 gr. 75

D'après Pegolotti (G. 38) 100 livres grosses de Nîmes-Montpellier sont égales à 120 livres subtiles. Comme la livre grosse est de 408 gr. (voir n° 110) la livre subtile ressort à 318 gr. 75.

De même Pegolotti déclare que 1 1/2 livre subtile équivalent à une livre grosse de Paris, moins 2 0/0. Sur cette base, comme la livre grosse de Paris est de 489 gr. 60, la livre subtile de Nîmes-Montpellier serait de 319 gr. 338. C'est bien peu différent du poids théorique

Diverses équivalences du marc de Montpellier sont fournies :

1° Deux actes des rois d'Aragon et de Majorque (G. 19), l'un de 1309, l'autre de 1338, disent que 56 2/3 gros tournois de Saint-Louis pèsent un marc de Montpellier. Comme le gros tournois de Saint-Louis se taillait sur un pied de 56 au marc de Paris, il s'ensuit, de la comparaison présentée, que le marc de Montpellier était, au marc de Paris, comme 85 à 87. Sur cette base, en comptant le marc de Troyes Paris à 244 gr. 80, le marc de Montpellier serait de 239 gr. 1/16, soit légèrement supérieur à celui théorique ;

2° Par lettres du 7 septembre 1386, Charles VI ordonna d'employer désormais, à la monnaie de Grenoble, le marc de Paris, plus fort de 1/32. Comme le marc de Paris pèse 244 gr.

80, le marc de Grenoble, autrement dit de Nîmes-Montpellier se trouve estimé à 237. 38 2/11 au lieu des 239 gr. 1/16 du poids théorique. Le marc aurait donc subi par usage, à Grenoble, un léger affaiblissement.

3° Enfin, le roi Pierre IV d'Aragon (G. 30) donna, en 1346, l'ordre de fabriquer, à Perpignan, des florins de même poids que ceux de Florence. Par une série d'ordonnances postérieures, ces florins, dont le titre fut successivement abaissé, restèrent invariablement à la taille de 68 au marc de Perpignan.

Examinons ce monnayage au point de vue théorique.

Le marc de Florence est des 3/4 de la livre de 340 gr. et le marc de Perpignan, le marc de Nîmes-Montpellier, est des 3/4 de la livre subtile des mêmes villes, de 318 gr. 75. Entre les deux marcs et les deux livres le rapport est, nous l'avons constaté ci-dessus, celui de 16 à 15. Comme il était taillé, dans le marc de Florence, 72 florins, il devait être taillé les 15/16 de ce nombre dans le marc de Perpignan, soit 67 1/2 florins. Or, il en était taillé 68. Par suite, le Florin de Perpignan aurait dû être inférieur à celui de Florence à concurrence de 1/136 ; il n'aurait pesé que 3 gr. 54 19/32, au lieu des 3 gr. 54 1/6 de son poids régulier.

Mais il suffirait que le marc de Perpignan excédât, en pratique, d'un demi-florin son poids théorique, autrement dit qu'il fut de 240 gr. 83 1/3, au lieu de 239 gr. 06 1/4, pour que l'égalité subsiste en l'un et l'autre florin, malgré la taille de 68 au marc. C'est ce qui a dû se produire. En poids d'usage, la proportion de 68 florins de Perpignan pour un marc devait exister, à très peu près.

Si, alors, quelque mince différence a été constatée, il a été passé outre car, dans ces temps, l'on ne se piquait point d'une exactitude rigoureuse. Les équivalences par nombres arrondis, fractions négligées, étaient coutumières.

67. — Après avoir été divisée en 12 onces, la livre subtile de Nîmes-Montpellier, à l'exemple de la livre de Paris, a subi

comme la plupart des livres du midi de la France, la division
en 16 onces. Sous cet aspect, elle se présente comme suit :

Grains de Paris

```
 46  7/8   Ternal ou gros (3 deniers)................     1      2   gr.  49  3/128
 93  3/4   Quart ou fierton....................1          2      4   gr.  98  3/64
375        Once.....................1        2            8     19   gr.  92  3/16
3.000      Marc................1      8      32          64    159   gr.  37  1/2
6.000      Livre..........1    2    16      64          128    318   gr.  75
```

68. — Au point de vue du titre, au milieu du xiiie siècle
(G. 32) l'argent de Montpellier était à un ternal d'alliage pour
un marc d'argent fin, ce qui donne 63/64 de fin, puisqu'il y a
64 ternaux dans le marc. Un règlement de 1273 abaissa le titre
à un denier et un ternal ce qui aboutit à 47/48 de fin. Il est à
observer que l'argent considéré comme fin à cette époque ne
serait peut-être pas actuellement admis comme tel.

D. — *Livre de Constantinople.*

69. — « A Constantinople (G. 13 note 1) le metqâl contient
1 1/2 derham et le derham contient 16 carats. L'usage, dans le
commerce de Constantinople (G. 17 note 4), était de compter le
marc de France à 76 drachmes 3/4. Comme la livre de Constantinople se compose de 100 drachmes ce rapport lui donne
6.003 grains de Paris 279/307".

A raison de 0 gr. 053 115 pour le grain de Paris, chiffre
employé par **M. G.**, ce nombre de grains équivaut à 318 gr.
675 9 1/3.

« La livre de Constantinople (G. 17) a 6.004 grains de Paris,
soit, en grammes 318 gr. 90. Des expériences faites à la monnaie de Londres aboutirent à lui donner 4.950 grains anglais ».

Il ressort nettement, de ces évaluations, que le poids régulier
de la livre de Constantinople correspond au nombre rond de
6.000 grains de Paris, à 318 gr. 75. Si donc nous adoptons
cette base et tenons compte des indications fournies sur les
divisions de cette livre, il en résulte le tableau suivant :

Grains de Paris

3 3/4	Kirat	1					0 gr. 19 43/48
60	Derham	1			16		3 gr. 18 3/4
90	Mesqâl	1	1 1/2	24			4 gr. 78 1/8
300	Once	1	5 5/9	8 1/3	133 1/3		26 gr. 56 1/4
6.000	Livre	1	12	66 2/3	100	1600	318 gr. 75

Les Turcs ont, sans contredit, emprunté aux Vénitiens, avec lesquels ils étaient en relations continuelles, leur livre de la soie pour constituer la livre de Constantinople, telle qu'elle vient d'être détaillée.

Il y a lieu de noter que la livre de Constantinople dérive du talent-type babylonien, de 32 kil. 640 gr., poids normal, dont le poids faible, des 24/25 du poids normal, ressort à 31 kil. 875 gr. Dans le système antique dénommé système gréco-asiatique, ce dernier poids était divisé en cent mines, chacune de 318 gr. 75 et chaque mine comprenait, à son tour, cent drachmes, de 3 gr. 18 3/4 l'une. La livre de Constantinople n'est donc autre chose que la mine gréco-asiatique faible.

Un iradé impérial, du 28 dj. II 1286; 6 oc. 1859, a attribué, au kilogramme, la valeur officielle de 311 drachmes 7825. Cela donne, à la drachme, autrement dit au dirhem, un poids de 3 gr. 204.15, au lieu des 3 gr. 18 3/4 du poids théorique. En Turquie, la livre a donc vu son poids s'élever des 318 gr. 75 du poids théorique à 320 gr. 415 par corruption résultant de l'usage.

En poids officiel, le système pondéral ottoman actuel se détaille donc comme suit :

Poids théorique								Poids officiel.
3 gr. 18.75	Derham ou drachme				1			3 gr. 204.15
26 gr. 56.25	Okkiah (once)			1	8 1/3			26 gr. 712. 5
318 gr. 75	Livre (8 onces 1/2)	1	12		100			320 gr. 415
459 gr.	Rottolo ou ralt	1	»	»	144			461 gr. 396. 6
1 k. 275 gr.	Okka, ocque 1		»	4	»	400		1 k. 281 gr. 66
45 k. 900 gr.	Cantar du Caire 36	100	»	»	14.400			46 k. 139 gr. 76
76 k. 500 gr.	Hamleh du Caire 60		»	»	»	24.000		76 k. 899 gr. 6
142 k. 800 gr.	Cantar d'Alex. 112		»	»	»	44.800		143 k. 545 gr. 92
255 k.	Hamleh — 200		»	»	»	80.000		256 k. 332 gr.

A Damas, le rottolo est de 6 livres, ce qui donne 50 dirhems à l'once; à Tripoli de Syrie, il est de 7 livres, ce qui donne 58 1/3 dirhems à l'once. A Alep, il est de 720 dirhems, soit de 60 dirhems à l'once. Ce poids de 720 dirhems est aussi celui d'un ancien batman de Tauris (Tébriz); celui de Chiraz était alors du double, soit de 1.440 dirhems ou 10 rotls.

Il est à remarquer que le chiffre rompu de 112 ocques, attribué au Cantar d'Alexandrie, montre que ce Cantar n'appartient pas au système ottoman. C'est par voie d'assimilation approximative qu'il y a été rattaché.

En réalité, le Cantar d'Alexandrie est issu du talent-type égyptien pharaonique, de 21 kil. 500 gr., dont le cube en eau a donné naissance à un pied de 1 m. 349, puis à une coudée moyenne d'une fois et demie le pied. C'est au cube de cette coudée moyenne, de 143 k. 437 gr. 1/2, que correspond le poids théorique du Cantar d'Alexandrie.

De même, c'est par suite d'une évaluation approximative et erronée, que les auteurs turcs ont donné, au Kantar du mesqâl légal musulman, la valeur de 44 ocques, ce qui équivaut à 56 kil. 100 gr., en poids théorique. Le kantar du mesqâl légal est composé de 100 ratls, chacun de 100 mesqâls légaux de 5 gr. 2/3 l'un, ce qui donne, au ratl, 566 gr. 2/3 et, au kantar, 56 kil. 666 gr. 2/3, poids théorique.

E. — *Livre petit poids de Marseille*.

70. — Cette livre est issue de la livre subtile de Nîmes-Montpellier. Le marc de cette livre, dans la division de celle-ci en 12 onces, était de 9 onces. A Marseille ce marc, sans modification de son poids, a été considéré, non plus comme de 9 onces ou des 3/4 de la livre, mais bien comme de 8 onces, des 2/3 de la livre. Ainsi la livre petit poids de Marseille a été constituée par un marc et demi de Nîmes-Montpellier.

Dans sa division en 12 onces, la livre en question se détaille comme suit :

Grains de Paris

562 1/2	Once.................................	1			29 gr. 88 9/32
4.500	Marc........................	1		8	239 gr. 06 1/4
6.750	Livre................	1	1 1/2	12	358 gr. 59 3/8

Les statuts d'Avignon de 1243 (G. 32) prescrivent d'employer, pour peser l'argent, le marc de Marseille ; les statuts de Marseille du milieu du xiii⁰ siècle, prescrivent que l'argent doit être au même titre qu'à Montpellier. Il s'agit là de la livre subtile de Nîmes-Montpellier et non de la livre petit poids de Marseille.

La commission des poids et mesures, qui fonctionna dans le département des Bouches-du-Rhône en l'an VIII, évalua la livre petit poids de Marseille à 6.768 grains de Paris. Cela donne, à raison de 0 gr. 053115 pour le grain, base adoptée par M. G. un poids de 359 gr. 48 1/4. L'écart avec l'évaluation théorique de 358 gr. 59 3/8 est donc insignifiant.

Mais selon la coutume dans le midi, la livre petit poids de Marseille, à l'exemple de la livre de Paris, a été divisée en 16 onces. Sous cette forme, elle se présente comme suit :

Grains de Paris

52 37/64	Gros ou ternal (de 3 deniers)............	1					2 gr. 80 155/102
105 15/32	Quart ou fierton.................	1	2				5 gr. 60 155/512
421 7/8	Once.................	1	4	8			22 gr. 41 27/28
3.375	Marc..........	1	8	32	64		179 gr. 29 1/6
6.750	Livre.....	1	2	16	64	128	358 gr. 59 3/8

Il est difficile de préciser l'époque à laquelle la division de la livre en 16 onces a remplacé celle en 12 onces.

F. — *Livre Monétaire de Naples.*

71. — Tillet (G. 17) a évalué la livre (monétaire) de Naples à 6.039 grains de Paris, valeur absolument conforme à celle qu'une commission officielle, nommée par Murat, adopta pour la même livre en 1811, savoir 320 gr. 749.

Par voie de comparaison Pegolotti (G. 17 et 39) a évalué la livre de Naples à 5984 grains de Paris et à 6010 grains.

Pour nous, l'estimation théorique est de 6.000 grains de Paris, de 318 gr. 75 ; les autres estimations variées, mais bien peu divergentes, résultent de corruptions dues à l'usage.

L'once de Naples (G. 17 note 6) se divisait en 30 tarins et le tarin en 20 grains. La livre marchande contient 12 onces et le rotolo 2 livres 1/2. Le rotolo (de la livre marchande) contient toujours 33 onces 1/3 (de la livre monétaire). Nous avons donc évalué la livre marchande (voir n° 96) aux 10/9 de la livre monétaire, sur la base d'un poids théorique de 318 gr. 75, attribué à cette dernière.

D'autre part (G. 22) les livres médicinales sont l'objet d'un mode de division différent, selon qu'il s'agit de Naples, de Salerne ou de Padoue.

Nous résumons ces diverses données dans les tableaux suivants, en commençant par la livre monétaire de Naples ;

Grains de Paris

16 2/3	Tarin (20 grains)				1		0 gr. 88	13/24
500	Once			1	30		26 gr. 56	1/4
4.000	Marc		1	8	240		212 gr. 50	
6.000	Livre	1	1 1/2	12	360		318 gr. 75	
15.000	Rotolo	1 2 1/2	3 3/4	30	900		796 gr. 87	1/2

71. — G. *Livre médicinale de Naples.*

0.8 1/3	Grain				1		0 gr. 044	13/48
16 2/3	Scrupule (égal au tarin)			1	20		0 gr. 88	13/24
50	Drachme		1	3	60		2 gr. 65	5/8
500	Once	1	10	30	600		26 gr. 56	1/4
6.000	Livre	1	12	120	360	7.200	318 gr.	3/4

72. H. — *Livre médicinale de Salerne.*

0.9 7/27	Grain		1	0 gr. 049	41/216
18 14/27	Scrupule	1	20	0 gr. 98	41/108

55	5/9	Drachme................			1	3	60		2 gr.	95	5/36
83	1/3	Sou...............		1	1 1/2	4 1/2	90		4 gr.	42	7/27
500		Once...........	1	6	9	27		540	26 gr.	56	1/4
6.000		Livre.....	1	12	72	108	324	6.480	318 gr.	75	

73. I. — *Livre médicinale de Padoue.*

1	1/24	Grain.'...........................					1	0 gr.	0 55	65/192
20	5/6	Scrupule.....................				1	20	1 gr. 10		65/96
62	1/2	Drachme..............			1	3	60	3 gr. 32		1/32
500		Once.............		1	8	24	480	26 gr. 56		1/4
6.000		Livre..........	1	12	96	288	5760	318 gr. 75		

J. — *Livre monétaire de Nuremberg.*

74. — Cette livre est d'une fois et demie la livre de 318 gr. 75 elle pèse donc 478 gr. 1/8 et se divise comme suit :

Grains de Paris

57	13/16	Quct ou quent.....................							1	3 gr.	7	93/256
115	5/8	Zethyn......................						1	2	7 gr.	4	93/128
231	1/4	Lot....................					1	2	4	14 gr.	9	29/64
562	1/2	Once..............				1	2	4	8	29 gr.	8	29/32
1.125		Viertel........			1	2	4	6	16	59 gr.	7	13/16
2.250		Demi-marc....		2	4	8	16	32	119 gr.	5	5/8	
4.509		Marc....	1	4	8	16	32	54	239 gr.		1/16	
9.000		Livre. 1	2	8	16	32	64	128	478 gr.		1/8	

En 1737 Ehrenschmid (G. 38) a évalué l'once monétaire de Nuremberg à 562 grains de Paris ; les chiffres qui précèdent sont donc exacts.

La livre monétaire de Nuremberg, d'une fois et demie la livre de 318 gr. 75, a été formée sur le modèle de la livre de Paris, d'une fois et demie la livre romaine.

K. — *Livre médicinale de Nuremberg.*

75. — Cette livre a été constituée sur le modèle de la livre de Troyes, par rapport à la livre de Paris : 12 onces sur 16 onces, soit les 3/4, par comparaison avec la livre monétaire. Elle se décompose comme suit :

Grains de Paris

```
   51   11/64   Quet ou quent...................      1            3  gr. 23   923/1024
  102   11/32   Zethyn......................      1     2          6  gr. 47   411/512
  204   11/16   Lot..................    1     2     4         12  gr. 95   155/256
  408    3/8    Once............  1     2     4     8       24  gr. 91    27/128
  818    3/4    Viertel.....   1    2     4     8    16     49  gr. 82    27/64
1.637    1/2    Demi-marc 1   2    4     8    16    32     89  gr. 64    27/32
3.375           Marc.. 1   2   4    8    16    32    64   179  gr. 29    11/16
6.750           Livre 1 2   4   8   16    32    64   128   358  gr. 59     3/8
```

Au xixe siècle (G. 34), la livre médicinale de Nuremberg a été évaluée à 357 gr. 5386. Les chiffres théoriques qui viennent d'être indiqués sont donc d'accord, en fait, avec le poids d'usage.

CHAPITRE III

---

76. — Comme nous l'avons indiqué au n° 54, le talent baby-lonien fort, de 34 kilos, est divisé en 60 mines, de 566 gr. 2/3 l'une, chacune composée de 100 sicles forts de 5 gr. 2/3.

Le système légal arabe est basé sur ce sicle, lequel constitue le mesqâl légal, pièce d'or dont les 7/10 font le poids du derham légal, pièce d'argent de 3 gr. 96 2/3.

En raison du rapport légal de 14 poids d'argent pour repré-senter la valeur d'un poids d'or, 20 derhams légaux d'argent constituent l'équivalence d'un mesqâl d'or.

A. — *Livre grosse d'Uzès.*

77. — La livre grosse d'Uzès est citée (G. 69) dans un accord de 1334, comme équivalant à 14 3/4 des onces dont 12 font la livre subtile. Comme la livre subtile pèse 318 gr. 75, la livre grosse d'Uzès ressort, d'après cette équivalence en nombres arrondis, à 391 gr. 796.82 1/2.

D'autre part (G. 69) 104 de ces livres sont considérées comme d'un poids égal à celui de 100 livres de Montpellier, livres poids de table de 408 gr. l'une. Cela donne, à la livre d'Uzès, une valeur de 393 gr. 1/13.

Ces poids d'usage, au surplus approximatifs, nous font considérer la livre en question comme d'un poids théorique de 396 gr. 2/3, celui du ratl arabe de 100 derhams légaux, divisé en 12 onces de 8 1/3 derhams l'une, soit de 33 gr. 1/18.

Par suite à l'équivalence donnée ci-dessus de 104 livres d'Uzès (ce nombre à été évidemment arrondi pour établir un rapport de 100 à 104) pour 100 livres poids de table, le demi-quarteron d'Uzès, de 13 livres égalait au huitième, soit à 12 livres et demie du quintal de Montpellier; le quarteron d'Uzès, de 26 livres, égalait à 25 livres poids de table; le demi-quintal d'Uzès égalait, avec ses 52 livres, 50 livres de Montpellier; enfin le quintal d'Uzès, de 104 livres, avait, pour égalité, le quintal de 100 livres de Montpellier.

79. — Diverses livres relevées par les Commissions départementales des poids et mesures, au début du siècle dernier, (G. 71) nous semblent, comme la livre grosse d'Uzès, correspondre, sauf corruption par usage, au ratl arabe de 396 gr. 2/3. Citons celles de : l'Isère, 388 gr. 70; Saint-Girons, 393 gr. 36; en Vaucluse : Avignon, 390 gr. 93 84, Carpentras, 380 gr. 9494; Apt, 396 gr. 513 315.

B. — *Ratl du mesqâl légal des Etats Barbaresques.*

79. — La livre des droguistes (ratl attary), divisée en 16 onces, a été fixée officiellement (G. 20) à 540 gr., lors de l'occupation française d'Alger.

Ce chiffre est évidemment résulté d'une altération, née de l'usage, du ratl arabe de 96 mesqâls légaux, divisé en 12 onces de 8 mesqâls l'une et d'un poids total de 544 grammes, puisque le mesqâl légal pèse 5 gr. 2/3.

Il en est de même des livres de 537 à 540 gr. que M. G. indique comme employées dans les ports du sud du Maroc (Mogador).

A Tunis, ce ratl est connu sous le nom de ratl bakkalu (d'épicier) que l'on considère comme égal à 17 des onces du ratl de 80 mesqàls d'el Mansour, soit de 377 gr. 7/9, ce qui lui donne une évaluation de 535 gr. 18 5/9. C'est encore là une corruption du ratl de 544 gr.

Dans sa division en 16 onces, le ratl en question se détaille comme suit :

Grains de Paris

160	Mesqâl légal	1			5 gr. 66 2/3
640	Onkia ou once	1	6		34 gr.
10.240	Ratl	1	16	96	544 gr.

CHAPITRE IV

A. — *Man d'el Mansour; derham d'Égypte.*

80. — Le système d'el Mansour (ce calife a régné de 754 à 775) est basé sur la silique égypto-romaine, de 1/72 de la livre de même dénomination. Comme la livre en question est de 340 gr., la silique est de 4 gr. 72 2/9. C'est le mesqâl d'el Mansour ; son derham d'argent est des 2/3 du mesqâl (qui est une pièce d'or) soit du poids de 3 gr. 148 4/27.

En raison du rapport légal musulman de 14 poids d'argent pour un poids d'or, il faut 21 derhams pour équivaloir à un mesqâl.

Nous avons vu, n° 46, que le monnayage des rois maures de Grenade était basé sur le mesqâl d'el Mansour.

En tableau, le système d'el Mansour se résume comme suit :

Grains de Paris

Grains de Paris								
59 7/27	Derham (16 tessoudj)					1		3 gr. 148 4/27
88 8/9	Mesqâl (24 tessoudj)			1		1 1/2		4 gr. 72 2/9
592 16/27	Once ou oukia		1	6 2/3	10			31 gr. 48 4/27
7.111 1/9	Ratl	1	12	80	120			377 gr. 7/9
8.888 8/9	Man	1	1 1/4	15	100	150		472 gr. 2/9

Le système d'el Mansour comporte également un ratl de 314 gr. 4/27, de 100 derhams, à 12 onces de 8 1/3 derhams l'une.

Une commission constituée en 1845 par le vice-roi Méhémet-Ali (G. 18), a évalué, d'après une série d'étalons, le derham légal égyptien à 3 gr. 0898, au lieu des 3 gr. 148 4/27 du poids théorique indiqué ci-dessus. Il s'est donc produit, en Égypte, une altération par allègement, dans le poids du derham. Elle est, au surplus, très faible,.car 150 derhams à 3 gr. 0896, donnent au man 463 gr. 47, soit seulement 8 gr. 75 2/9 de moins que le poids calculé.

B. — *Livre subtile de Gênes.*

81. — Cette livre fut évaluée en 1800 (G. 36) à 316 gr. 778. C'est là, d'après nous, un ratl d'el Mansour de 314 gr. 8 4/27, sauf la différence entre un poids théorique et un poids d'usage.

La livre subtile de Gênes se détaille comme suit :

Grains de Paris

493 8/9	Once (8 1/3 derhams).....................	1		26 gr. 234 46/81
5.925 5/27	Livre...............................	1	12	314 gr. 8 4/27

C. — *Livre de la soie de Nîmes-Montpellier.*

82. — Pegolotti fournit trois équivalences (G. 29) à la livre dont s'agit :

1° Elle équivaut à une livre et une demi-once de Paris. Comme Pegolotti établit toujours ses comparaisons sur la livre soutive de Paris, l'évaluation ainsi énoncée aboutit à un poids de 473 gr. 34 3/8.

2° Le marc des foires de Champagne (c'est le marc de Paris) fait à Nîmes, 8 onces 1/4. Sur la base de 244 gr. 80 pour ce marc, la livre de Nîmes-Montpellier de la soie ressort à 486 gr. 979 1/6.

3° L'once marchande de Naples et celle de Nîmes-Montpellier ont un même poids de 33 1/3 tarins de la livre monétaire de Naples. Cela donne à l'once 29 gr. 513 8/9 (voir n° 97) et à la livre 472 gr. 2/9.

Ce dernier chiffre est exactement celui du man d'el Mansour
(voir n° 80). Il n'y a donc pas lieu de s'arrêter aux deux autres
évaluations de Pégolotti, d'ailleurs approximativement énon-
cées en chiffres arrondis; la livre de la soie de Nîmes-Montpellier est donc identique au man d'el Mansour.

Dans la division coutumière des villes du midi, soit en
16 onces, la livre dont s'agit se présente comme suit :

Grains de Paris

69 4/9	Gros ou ternal (de 3 deniers)					1	3 gr. 189 17/72
136 8/9	Quart d'once ou fierton				1	2	7 gr. 378 17/36
555 5/9	Once			1	4	8	29 gr. 513 8/9
4.444 4/9	Marc		1	8	32	64	236 gr. 111 1/9
8.888 8/9	Livre	1	2	16	64	128	472 gr. 2/9

La demi-once pèse 14 gr. 756 17/18.

D. — *Livre grosse de Venise.*

83. — Cette livre (G. 35) est égale à deux marcs de Venise
et se divise en 12 onces. Comme le marc de Venise (voir n° 92)
pèse 236 gr. 1/9 la livre grosse est donc de 472 gr. 2/9, soit
égale à la livre de la soie de Nîmes-Montpellier, comme au ratl
d'el Mansour.

Son détail est le suivant :

Grains de Paris

746 2/3	Once	1		52 gr. 2/3
8.888 8/9	Livre	1	12	472 gr. 2/9

Il est donc évident que la livre grosse des Vénitiens a été
empruntée par eux aux Arabes. La livre monétaire vénitienne
de 354 gr. 1/6, est de même provenance. C'est la livre pour
les matières précieuses du système égypto-romain, conservée
par les musulmans après leur conquête de l'Égypte. Chez eux,
il y a lieu de le noter, la livre de 354 gr. 1/6 et le man de
472 gr. 2/9 s'accordaient aisément. En effet, la première était
basée sur le denier égypto-romain de 1/96 de livre égypto-

romaine et la seconde sur la silique, de 1/72 de la même livre. Par suite, ce man et cette livre se trouvaient dans le rapport simple de 3 à 4 ; quatre deniers, de 3 gr. 54 1/6, égalaient en poids à 3 mesqâls d'el Mansour, de 4 gr. 72 2/9 : quatre onces de la livre équivalaient à 3 onces du man, quand celui-ci se divisait en 12 onces, comme il arrivait quand, du mesqâl d'el Mansour, on constituait un ratl de 100 mesqâls d'el Mansour, de 8 1/3 mesquâls à l'once.

E. — *Système monétaire de Melgeuil.*

84. — Par un acte du 1er novembre 1174 (G. 39) le comte Raymond V de Toulouse a réglé la fabrication de la monnaie de Melgeuil. Il y est dit que le marc de Montpellier contenait 9 des onces dont 12 faisaient la livre subtile. Il y est dit aussi que les deniers, à 4 deniers de loy, seront taillés à raison de 18 sous 2 deniers au marc et 24 sous à la livre.

Si le marc et la livre visés par l'acte eussent appartenu au même système, si le marc visé eût été celui des 2/3 de la livre subtile de Nîmes-Montpellier de 318 gr. 75, soit de 239 gr. 06 1/4, il eut été taillé 18 sous dans ce marc. Si donc il était taillé 18 sous 2 deniers dans le marc, c'est que le marc visé était inférieur, comme poids, de 2 deniers environ, à celui de la livre indiquée.

Pour nous le marc en question est celui de la livre de la soie de Nîmes-Montpellier, dont le poids est de 236 gr. 1/9. En effet, si l'on ajoute, à ce poids, celui de deux deniers de la livre subtile, soit 4 gr. 427 1/12, le total obtenu est 240 gr. 538 7/36, bien rapproché, on l'avouera, de celui de 239 gr. 06 1/4 du marc de la livre subtile de Nîmes-Montpellier. L'écart vient de ce que le calcul par nombre rond de deniers ne permettait pas d'obtenir une exactitude plus rigoureuse.

Ainsi donc, le monnayage de Melgeuil se basait sur deux livres différentes : la livre subtile et la livre de la soie de

Nîmes-Montpellier. Mais à notre avis, la livre subtile ne servait que de point de comparaison. Il était taillé une seule espèce de deniers, des deniers basés sur la livre de la soie : il en était fait 18 sous 2 deniers au marc de la livre subtile, soit 258 deniers à ce marc, mais 18 sous seulement au marc de la soie, soit 256 deniers, ce qui était le nombre régulier, à raison de 12 deniers au sou. Dans la livre (et il faut entendre cette fois par livre celle de la soie) il était taillé 18 sous de deniers, soit le nombre régulier de 216 deniers, à raison de 12 deniers au sou.

C'était donc le marc de la soie, de 236 gr. 1/9 ou 8 onces de la soie qui servait de base au monnayage de Melgeuil, la livre de ce monnayage étant constituée par 12 des onces dont 8 faisaient le marc, ce qui donne une livre de 354 gr. 16 2/3, c'est-à-dire égale à 100 deniers de 3 gr. 54 1/6 dont 96 constituent la livre égypto-romaine pour les matières précieuses, la livre monétaire de Venise et la livre marchande de Naples (voir n° 92 et 96).

85. — Le titre du monnayage de Melgeuil a souvent varié. Celui de l'acte de 1174 est, on l'a vu plus haut, à 4 deniers de loy, soit de 4 deniers d'alliage sur un total de 240 deniers : il s'agit donc là de 59/60 de fin. Un acte de 1128 (G. 38, p. 198, note 1) indique le titre de 6 deniers, ce qui correspond à 39/40 de fin. Un acte de 1125 indique 4 deniers 3/4, soit un titre de 941/960 ou, en chiffre rond, de 47/48 de fin, très approximativement.

F. — *Livre de Fribourg et de Berne.*

86. — A Fribourg, en Suisse (G. 40) une ordonnance municipale fixa, en 1364, la livre subtile à 10 onces 1/2 et la livre grosse à 17 onces 1/2. Il n'est pas douteux qu'il ne s'agisse là d'onces de Troyes, car c'est en ces onces que la livre grosse a été fixée, en 1668, à 17 onces 1 gros, au lieu de 17 onces 1/2 qu'elle avait auparavant et que, par la suite, elle a été comptée au chiffre rond de 17 onces, comme la livre de Berne. Nous concluerons donc, ajoute M. G., que la livre subtile de Fribourg était la livre subtile de Montpellier, de 12 onces romaines affaiblies et que la livre grosse avait été formée de 20 des mêmes onces.

Le chiffre de 10 onces 1/2 de Paris, pour la livre subtile, correspond à 314 gr. 30 et ceux de la livre grosse, de 17 onces 1/2, de 17 onces 1 gros et de 17 onces correspondent, respectivement à 535 gr. 20, 527 gr. 02 1/2 et 250 gr. 20.

Pour nous, la livre subtile de Fribourg n'est autre que le ratl d'el Mansour, la livre subtile de Gênes, de 100 derhams d'el Mansour, soit de 314 gr. 8 4/27 (voir n° 81).

La livre grosse, de 20 des onces de cette livre, ressort, en poids théorique, à 524 gr. 6 74/81. Les nombres d'onces de Troyes, indiqués comme équivalence de la livre subtile ou de la livre grosse l'ont donc été en chiffres arrondis approximatifs et non pas en chiffres exacts.

G. — *Ratl et man du système d'el Mansour,*
dans les États Barbaresques.

87. — A Alger (G. 20) le man, désigné sous le nom de ratl *foddy*, servait à peser l'argent. Il fut évalué, lors de l'occupation française à 497 gr. 521. L'or était pesé au mesquâl légal de 5 gr. 2/3 (voir n° 79).

Le man était usité à Tripoli, à Tunis et dans les ports du Nord du Maroc (Tanger), sous le nom de ratl *attary*; il était évalué à environ 508 gr., mais ce poids était le résultat de l'assimilation du quintal, de 100 livres, avec le quintal anglais de 112 livres avoir-du-poids.

Ces divers poids se rattachent directement au système d'el Mansour. L'once de Tunis, évaluée à 31 gr. 487, est l'once de 31 gr. 48 4/27 dont les 12 font un ratl de 80 mesquâls et

120 derhams, ensemble 377 gr. 7/9 (voir n° 80) et le ralt estimé à 508 gr. correspond à un man d'el Mansour formé de 160 derhams, ensemble 503 gr. 70 10/27.

En tableau, cet ensemble se présente comme suit :

Grains de Paris

```
    3 19/27  Nouaya ou tessoudj .......................... 1                       0 gr. 186 73/144
   59  7/27  Derham................................... 1         16       3 gr. 148   4/27
   88  8/27  Mesqâl........................ 1          1 1/2 24   4 gr.  72   2/9
  592 16/27  Oukia, once............ 1       6 2/3  10      160   31 gr.  48   4/27
7.111  1/9   Ratl............. 1      12     80      120   1.920  377 gr. 7/9
9.481 13/27  Man....... 1      1 1/3 16   106 2/3 160  2.560  503 gr.  70 10/27
```

H. — *Livre de 16 onces d'el Mansour.*

88. — Comme on vient de le voir, le derham d'el Mansour pèse 3 gr. 148 4/27. Il a donné naissance, en Égypte, à un ratl et à un man qui se détaillent comme suit :

Grains de Paris

```
   59  7/27  Derham.................................. 1              3 gr. 148   4/27
  493 67/81  Once............................. 1      8 1/3  26 gr.   2 28/81
5.925 25/27  Ratl..................... 1     12    100     314 gr.   8  4/27
7.901 19/81  Man................. 1      4 1/13 16    133 1/3 419 gr.   7 43/81
```

89. — De nombreuses traces de l'emploi de ce man, sous le nom de livre, sont relevées dans le midi de la France.

Ainsi, à la fin du xviie siècle et en 1722, il est compté (G. 68, p. 403, note 1) 118 livres de Toulouse pour 100 livres poids de marc pour la livre poids de table de 408 gr. Le même rapport de 118 livres est indiqué en 1744, par l'une des paroisses du diocèse de Montpellier. Ce rapport en chiffres ronds donne à la livre, 413 gr. 45/49, au lieu des 419 gr. 7 4/81 du poids calculé. Ce dernier est donc bien le véritable.

90. — En l'an XIII, la livre poids de table de Montpellier est évaluée à 414 gr. 65. A Avignon, l'une des livres employées pour peser la soie est une livre dite de Beaucaire, évaluée à 413 gr. 0851. A Nîmes, en 1816, l'estimation est de 414 gr. 29021.

A Lyon, il s'agit, de 1812, de 418 gr. 757. En Haute-Loire, la livre poids de Lyon fut estimée, dans certaines localités, à 421 gr. 631, dans d'autres à 416 gr. 2/3. Dans l'Isère, à Grenoble, elle fut estimée à 417 gr. 347. En Savoie, à Chambéry, la livre dite de Chambéry, dite aussi de Montpellier, était de 418 gr. 61. A Castres, la livre fut comptée à 411 gr. 5979 ; à Lauzette, à 414 gr. 94. Dans l'Aveyron, sous le nom de livre de Beaucaire et de Nîmes, à 413 gr. et sous le nom de livre de Montpellier à 416 gr. En Ariège, on trouve une livre de 419 gr. A Pamiers, de 412 gr. Dans les Basses-Pyrénées, à Mauléon, la livre fut trouvée de 419 gr.

On le voit, les variations dans le poids sont nombreuses, mais elles permettent cependant de discerner le poids théorique qui leur sert de pivot.

OBSERVATION

91. — Nous nous bornons, dans le présent travail, à citer ceux des ratls ou des mans arabes mentionnés, dans la note de M. Guilhiermoz, comme employés dans les États chrétiens. L'on trouvera des détails sur nombre d'autres poids musulmans dans notre *Traité pratique des poids et mesures des peuples anciens et des Arabes;* dans notre *étude sur les mesqals et les dirhems arabes,* parue dans la *Revue Numismatique,* en 1908, enfin, dans notre *Note sur les Poids médicaux arabes,* insérée dans le fascicule de Novembre-Décembre 1910 du *Journal Asiatique.*

CHAPITRE V

EMPLOI DE LA LIVRE EGYPTO-ROMAINE
POUR LES MATIÈRES PRÉCIEUSES

A. — *Livre monétaire de Venise.*

92. — Dans le système égypto-romain, la livre employée à
peser les matières précieuses est basée sur un denier dont 96
égalent la livre égypto-romaine, du poids de 340 gr. comme
nous l'avons dit. Ce dernier pèse 3 gr. 54 1/6 et la livre pour
les matières précieuses, formée de 100 de ces deniers, est de
354 gr. 16 2/3. Elle se détaille comme suit :

Kirat, kération ou silique (grain de caroube)....			1		0 gr. 204	1259/1296
Drachme..............................		1		»	3 gr. 541	2/3
Once (1/2 de la livre)...........	1	8 1/3	144		29 gr. 513	8/9
Livre.....:..............	1	12	100	1728	354 gr. 16	2/3

Or, la livre monétaire de Venise se divise exactement de la
même façon que celle que nous venons de détailler. Il est donc
indubitable que ces deux livres ne sont qu'une seule et même
livre, empruntée aux Arabes par les Vénitiens.

En ajoutant le marc, poids inusité dans la métrologie
ancienne comme dans celle mulsumane, aux éléments de la
mine égypto-romaine pour les matières précieses et en ajoutant, à ceux-ci, la comparaison avec les grains de Paris, on
obtient l'ensemble suivant :

Grains de Paris

3.858	2/81	Carat......................			1		0 gr. 204 1259/1296
555	5/9	Once (12 deniers)..........		1	144		29 gr. 513 8/9
4 444	4/9	Marc..............	1	8	1.152		236 gr. 111 1/9
6.666	2/3	Livre........	1	1 1/2	12	1.728	354 gr. 166 2/3

A noter, comme parité, que le marc est de moitié, tant de la livre grosse de Venise (voir n° 83) que du man d'el Mansour (voir n° 80) ; par suite, ce man égale à 16 des 12 onces de la livre de 354 gr. 1/6 ; le même rapport existe entre la livre de Troyes et celle de Paris. La livre monétaire de Venise égale aux 10/9 de la livre de la soie de Venise, première formation, de 318 gr. 75 (voir n° 64).

Le denier, de 12 carats, correspond à 46 grains de Paris 8/27 et pèse 2 gr. 459 53/108.

Les estimations suivantes (G. 35) sont fournies pour le marc monétaire de Venise :

1° En 1776, Tillet lui donne la valeur de 4.496 1/2 grains de Paris, soit de 238 gr. 831, au lieu des 236 gr. 1/9 et 4.444 grains 4/9 de son poids théorique ;

2° Lors de la domination napoléonienne, il lui est donné 238 gr. 49.

3° Pegolotti indique que le marc de Troyes faisait, à Venise, 8 onces 5 deniers, ce qui aboutit à tout près de 4.493 grains de Paris. Sur le pied de 0 gr. 053115, adopté par M. G. pour le grain de Paris, il s'agit, en grammes, de 238 gr. 2557 ;

4° Au xve siècle, il est donné un marc et 27 carats de Venise au marc de Paris. Cela donne, au marc de Venise, 4.500 1/3 grains de Paris, ou 239 gr. 61 3/4 ;

5° Au xive siècle, les orfèvres anglais se servaient du marc de Venise, que Pegolotti évalue à 165 1/3 sterlings, dont 160 formaient le marc de la Tour ; le marc de Venise ressort ainsi à 239 gr. 89.

6° Enfin d'après l'évaluation d'Ehrenschmid en 1757 (G. 34) l'once de Paris contient 148 carats 15/16 de diamants. Cela donne à l'once tout près de 557 grains de Paris. Ainsi le marc, de 12 onces, égalerait à 4.456 grains de Paris, soit à 236 gr. 68.

7° A Bologne, la livre est estimée à 361 gr. 85, ce qui donne au marc 241 gr. 33 1/3.

Il est démontré, par ces citations, qu'à Venise, le marc a constamment dépassé son poids théorique ; ce fait est en accord avec la tendance au renforcement des poids, couramment constatée en Italie.

Par suite, en pratique, le marc de Venise, d'un poids théorique de 236 gr. 1/9 ou 4.444 4/9 grains de Paris, comme le prouve l'identité de sa composition avec celle de la livre égypto-romaine pour les matières précieuses, en arrivait à se confondre avec le marc de la soie, première formation (voir n° 64) et le marc de la livre subtile de Nîmes-Montpellier (voir n° 66) lequel était de 5.000 grains de Paris et de 239 gr. 06 1/4 et correspondait à 9 des 12 onces, soit aux 3/4 de la livre de 318 gr. 75, formée par les 15/16 de la livre égypto-romaine de 340 gr. Ce marc avait donc une tout autre origine que le marc monétaire de Venise et sa livre n'était que les 9/10 de celle de 354 gr. 1/6, qui était la livre monétaire de Venise. Seul le renforcement amenait une confusion entre ces deux marcs, d'origine si différente.

B. — *Sequin de Venise.*

93. — En 1284, le grand Conseil de Venise (G. 35), voulant imiter le florin de Florence, ordonna de tailler une monnaie d'or, sur le pied de 67 au marc. C'est le ducat ou sequin de Venise.

Examinons cette frappe, sur la base des poids théoriques. La livre monétaire de Venise comprend 100 deniers égypto-romains, de 3 gr. 54 1/6 l'un et la livre de Florence ne contient que 96 de ces même deniers, puisqu'elle est identique à

la livre égypto-romaine normale, de 340 grammes. La livre de
Florence est donc des 24/25 de la livre de Venise. D'après,
cela, comme il était taillé 64 florins dans le marc de Florence,
il devait être taillé, dans le marc de Venise, les 25/24 de ce
nombre, soit 66 2/3 florins seulement et non pas 67, pour que
le florin de Florence et le sequin de Venise aient un même
poids.

94. — Mais, dans ces temps, l'on ne raisonnait pas sur les
données théoriques, lesquelles étaient ignorées, l'on se basait
sur les poids d'usage. Or (voir n° 57) le florin pesait 3 gr. 54
1/6 : par suite, 67 florins avaient un poids de 237 gr. 29 1/6.
Si donc, en 1284, le poids courant du marc de Venise était de
ce montant, il pouvait être taillé dans le marc 67 florins, par-
faitement égaux à ceux de Florence.

Il n'est aucunement invraisemblable que, à l'époque de la
décision du Grand Conseil, ce poids de 237 gr. 29 1/6 n'ait été
extrêmement voisin de celui courant du marc de Venise, étant
donné, comme nous l'avons vu par les estimations reproduites
ci-dessus, que le marc vénitien a constamment dépassé, dans
la pratique, son poids calculé.

Comme conclusion, nous considérons que, en fait et malgré
les indications de la théorie, le sequin de Venise devait égaler
le florin de Florence, que son poids régulier doit être assimilé
à celui du florin : 3 gr. 54 1/6, centième partie de la livre
monétaire de Venise, de 354 gr. 1/6.

Mentionnons, à titre de digression, que le mot sequin, *zec-
chino* en italien, vient de l'italien *zecca*, hôtel des Monnaies,
lui-même issu de l'arabe *sikké*, droit de battre monnaie, l'un
des attributs de la souveraineté en pays musulman.

C. — *Livre subtile de Venise.*

95. — La livre médicinale de Paris, de 306 grammes, est
constituée par 10 onces de Paris, de 30 gr. 60 l'une. Sur ce

modèle, a été constituée (voir n° 9) la livre de la soie de Venise (seconde formation).

De même, la livre subtile de Venise a été formée de 10 des onces de 29 gr. 513 8/9 dont 8 font le marc monétaire, 12 la livre monétaire et 16 la livre grosse (voir n°ˢ 83 et 92). Cette livre, de 295 gr. 13 8/9 se décompose comme suit :

Grains de Paris

462	26/27	Once			1	24 gr. 59	89/216
3.703	19/27	Marc	11	8	196 gr. 75	25/27
5.555	5/9	Livre	1	12	12	295 gr. 13	8/9

La livre subtile de Venise (G. 24, p. 184, note 4) a été évaluée, sous la domination napoléonienne, à 301 gr. 2297, et, par Tillet, au xviiiᵉ siècle, à 5676 grains de Paris, ce qui fait 301 gr. 48, au taux de 0 gr. 0511 1/2, adopté par M. G. pour le grain de Paris.

Sauf l'effet de la tendance italienne au renforcement, le poids théorique et le poids d'usage concordent donc.

Il ne semble pas que l'usage de la livre subtile soit fort ancien, car cette livre a été constituée, somme toute, sur le modèle de la livre médicinale de Paris de 10 onces, laquelle n'a point été en usage avant l'époque de la Renaissance.

D. — *Livre marchande de Naples.*

96. — Le poids théorique de la livre monétaire de Naples est de 318 gr. 75 (voir n° 71). Or la livre marchande est des 10/9 de la livre monétaire ; elle est donc de 354 gr. 1/6. Cette proportion des 10/9 résulte du fait que Pegolotti (G. 31) évalue à 33 tarins 1/3 de l'once monétaire (laquelle est de 30 tarins) l'once du poids marchand.

Cette même proportion est celle constatée entre la livre monétaire de Venise et la livre de la soie de Venise, première formation, lesquelles sont, respectivement, du même poids que la livre marchande de Naples et la livre monétaire napolitaine.

Ce parallélisme démontre, à notre avis, que le marc monétaire de Venise ne doit pas être confondu avec le marc de la soie, mais doit être considéré comme identique au marc marchand de Naples, du poids théorique de 236 gr. 1/9.

97. — Le marc monétaire de Milan a été évalué (G. 106) en 1803, à 234 gr. 9973, au lieu des 232 gr. 10 2/3 du marc de Cologne, poids théorique. Le marc de Milan ne nous semble point devoir être rapproché du marc de Cologne, mais bien du marc marchand de Naples, de 236 gr. 1/9 car, jusqu'ici, aucune trace d'emploi du marc de Cologne n'a été relevé en Italie.

Ces indications fournies, donnons le détail de la composition de la livre marchande de Naples :

Grains de Paris

18	14/27	Tarin (20 grains)				1		0 gr. 09837	26/27
555	5/9	Once			1	30		29 gr. 513	8/9
4.444	4/9	Marc		1	8	240		236 gr. 111	1/9
6.666	9/9	Livre	1	1 1/2	12	360		354 gr.	1/6
16.666	2/3	Rotolo	1	2 1/2 3 3/4	30	900		885 gr.	5/12

E. — *Livres de Valence, d'Alicante et d'Aragon.*

98. — Au xixe siècle (G. 30) l'once de Valence a été évaluée à 29 gr. 2/3 (ce qui donne à la livre 356 gr.). Les différentes livres dont on se sert, tant à Valence qu'à Alicante, sont basées sur cette once; il y a une livre petit poids de 12 onces, une livre gros poids de 18 onces, une livre pour la boucherie de 36 onces, enfin une livre pour diverses marchandises de 16 onces. La livre d'Aragon, composée de 12 de ces onces, a été évaluée à 350 gr.

Pour nous, l'once de Valence et d'Alicante, évaluée à 29 gr. 1/3, est l'once de 29 gr. 513 8/9 de la livre égypto-romaine pour les matières précieuses et la livre, composée de 12 onces, est cette même livre de 354 gr. 1/6, évaluée à 350 gr. en Aragon.

Sur ces bases, les livres en question se détaillent comme suit :

Grains de Paris

555	5/9	Once............................	1		29 gr. 513	8/9
6.666	2/3	Livre...........................	12		354 gr.	1/6
8.333	1/3	Livre des marchandises diverses..	16		472 gr.	2/9
10.000		Livre gros poids................	18		531 gr. 23	
20.000		Livre de la boucherie...........	36	1 kg	062 gr.	1/2

Ces diverses livres se rattachent, sans conteste possible, au système d'el Mansour. Il n'est pas extraordinaire que les musulmans aient fait usage de ce système en Espagne et que les chrétiens l'aient conservé après la mise à fin de la domination mahométane.

QUATRIÈME PARTIE

EMPLOI DU TALENT-TYPE ÉGYPTIEN

CHAPITRE UNIQUE

EMPLOI DIRECT

---

99. — Le talent égyptien est du poids de 42 kg. 500 grammes. Il se divisait, en Égypte, en 50 mines de 850 grammes l'une, dans le système royal pharaonique. Les Grecs l'ont divisé en 100 mines de 425 gr. l'une, c'est la mine attique normale, dont les 60 font le talent attique, de 25 kg. 500 grammes.

A. — *Livre monétaire de Suède; livre « victualie vigt »;*
livre marchande.

100. — La livre monétaire de Suède est estimée à 425 gr. 0758, soit à 8.003 grains de Paris et Tillet lui donne 8.000 grains (G. 81). C'est, de toute évidence, la mine attique normale de 425 gr.

L'usage de la mine attique a pu être transmise aux Scandinaves par les Byzantins, qui en faisaient un fréquent emploi comme poids marchand, surtout dans leurs relations avec la Grèce, les îles de l'Égée et la Tauride.

Sur la base d'un poids théorique de 425 gr., la livre monétaire de Suède se divise comme suit :

Grains de Paris

250	Lot					1	13 gr. 28 1/8
500	Once				1	2	26 gr. 56 1/4
1.000	Viertel			1	2	4	53 gr. 12 1/2
2.000	Demi-marc		1	2	4	8	106 gr. 25
4.000	Marc	1	2	4	8	16	212 gr. 50
8.000	Livre	1	2	4	8	16	32 425 gr.

Indiquons, comme parité, que l'once de Suède se trouve équivaloir à celle de la livre de 318 gr. 75 ; par suite, 12 onces de Suède égalent cette livre.

Très vraisemblablement, la livre de Suède monétaire de 425 gr. a succédé, dans cet emploi, à la livre égypto-romaine de 340 gr. laquelle était connue en Suède sous le nom de *jern och kopparvigt* (voir n° 55). Parallèlement, il devait exister en Suède une livre marchande plus forte de 1/9, soit de 377 gr. 7/9, dont les 9/10 équivalent, nécessairement, à la livre monétaire de 340 gr.

Pour constituer la livre monétaire à 425 gr. la livre précédente, celle égypto-romaine de 340 gr., fut augmentée d'un quart, soit de 85 gr. et portée ainsi à 425 gr. Cette livre, de 15 onces égypto-romaines, fut, comme d'usage dans les pays du nord, divisée en 16 onces.

101. — Parallèlement, la livre marchande, de 377 gr. 7/9, fut également augmentée d'un quart et portée à 472 gr. 7/9 ; la division coutumière en 16 onces lui fut également appliquée. Ainsi en prenant pour point de départ la livre de 340 gr. ; les Suédois ont pu constituer une livre monétaire de 425 gr., égale à la mine attique normale et une livre marchande de 472 gr. 2/9, égale au man d'el Mansour, sans avoir eu nécessairement besoin, pour constituer ces deux livres, d'avoir eu connaissance de l'existence de cette mine et de ce man.

102. — A côté de la livre monétaire (G. 81) de 425 gr. existait en Suède une autre livre, dite *victualie vigt*, livre des victuailles, dont le poids était estimé à 8.848 des 4.864 as (voir n° 43) entre lesquels se divisait le marc de Cologne. Ce qui donnait, au marc de cette livre, 4.424 as.

En 1665, un règlement évalua le marc de Cologne à 17 3/4 lots de Suède, tandis que le marc de Suède contenait 16 lots. Comme le marc *victualie vigt* avait été évalué à 4.424 as, le règlement conclut, de cette évaluation, qu'elle s'appliquait à 17 lots 3/4 et, par un simple calcul établit que la valeur de 16 lots, soit du marc de Suède, qui ressortait ainsi à 4.384 as 32/71 serait fixée à 4.384 as. C'est ce nombre d'as qui fut attribué au marc de Suède, nombre d'as entre lesquels il fut divisé dans les calculs monétaires, pour la monnaie jusqu'en 1830 et, pour l'argent et l'or, jusqu'en 1835.

Ce nombre, simple mode de division du marc monétaire, importe peu, notons-le, puisqu'il résulte, en fait, de l'estimation actuelle, que le marc de Suède pèse 212 gr. 1/2 et que la livre monétaire pèse 425 gr. comme nous l'avons vu ci-dessus.

Retenons toutefois, des nombres d'as employés dans le règlement, que le marc monétaire se trouve évalué à 40 as de moins que le marc *victualie vigt*, soit : 4.384 as au lieu de 4.424 as. La livre de même dénomination a donc 80 as de plus que la livre monétaire. Celle-ci pèse 425 gr. S'il y est ajouté 80 as, soit 72 grains de Paris puisque l'as (voir n° 43) vaut environ les 9/10 d'un grain de Paris, l'on obtient, pour la livre *victualie vigt*, un poids de 428 gr. 82 1/2. Tel était donc le poids d'usage de la livre en question, lors du règlement de 1665. Ce poids n'avait guère varié depuis le xiv siècle, car dans les comptes des collecteurs apostoliques de 1327-1328 (G. 44) le marc de Skara est estimé à 7 onces 7 deniers de la livre de la Cour pontificale d'Avignon de 340 gr. (voir n° 56) ce qui correspond à 214 gr. 86 1/9 pour le marc et à 429 gr. 78 2/9 pour la livre.

Tout à la fois, ce poids peut être considéré comme une corruption, par voie de renforcement, des 425 gr. de la livre monétaire, hypothèse peu admissible puisqu'en Suède la livre dont s'agit était considérée comme distincte de celle monétaire ou encore comme le résultat de l'allègement d'un poids théorique de 435 gr. 20, du poids régulier de la livre carolingienne de 16 onces romaines. Cette seconde hypothèse nous semble celle qui doit être adoptée.

Les Scandinaves n'ont pas, au surplus, ignoré l'existence de cette livre, puisque c'est celle qui sert de comparaison, en Angleterre, avec le marc danois de 12 onces romaines, dans les traités intervenus, aux xe et xie siècles, entre les Danois établis en Angleterre et les Anglais (voir n°s 17 et 24).

103. — Revenons à la livre monétaire.

Le règlement précité évalue à 17 3/4 lots de Suède le marc qu'il dénomme de Cologne : cette estimation donne, au marc dit de Cologne, sur le pied de 13 gr. 26 1/8 pour le lot de Suède, 235 gr. 742 3/16, au lieu des 232 gr. 10 2/3 du poids calculé du marc de Cologne. Une aussi forte différence n'eût point échappé aux rédacteurs du règlement; mais elle s'explique si, pour eux, il s'agissait d'un marc dénommé de Cologne en Suède, mais qui était autre, comme poids, que le marc de Cologne ordinaire.

Si donc, nous revenons à l'hypothèse d'une livre marchande de Suède, supérieure de 1/9 à la livre monétaire, nous trouverons que 16 lots de la livre monétaire, vaudront 1/9 de plus, en lots de la livre marchande, soit 17 lots 7/9. C'est ce chiffre que le règlement a rendu par le nombre, légèrement arrondi de 17.75 lots, au lieu de 17.77 7/9 lots.

Si donc, nous prenons pour base ce chiffre rectifié de 17 lots 7/9, nous trouvons, pour le marc, non plus 235 gr. 742 3/16, mais bien 236 gr. 1/9 et, pour la livre, les 472 gr. 2/9 que nous avons indiqués pour le poids de la livre marchande. Notre hypothèse, relative à l'existence de pareille livre, est donc, ce semble, complètement justifiée. Ce que l'on nommait, en Suède, marc de Cologne, était un marc de 236 gr. 1/9 et non le marc de 232 gr. 10 2/3, couramment désigné sous le même nom.

104. — Il est extrêmement probable que les Suédois étaient en possession du véritable marc de Cologne, de moitié, non pas de leur livre monétaire de 425 gr. mais de leur livre marchande de 472 gr. 2/9. Ce marc aurait donc eu, originairement, comme poids théorique, 236 gr. 1/9, puis, par corruption, il se serait tellement rapprochés de 232 gr. 10 2/3 du marc de la moitié d'une livre des 16/15 de celle de 435 gr. 20 ou 16 onces romaines, soit de 464 gr. 21 1/3, qu'il a été considéré comme identique au marc anglais de la Tour, formé de cette façon.

De pareilles confusions ne sont pas sans exemple, notons-le, car la livre de Flandre, d'une valeur de 16 onces romaines ou 435 gr. 20, a été considérée comme d'un poids de 14 onces de Paris ou 428 gr. 40 ; il en a été de même dans le midi de la France (voir n°⁵ 28 et 37) pour des livres de Valence, de Montpellier et de Lyon qui, bien que d'un poids théorique de 435 gr. 20, ont été considérés comme de 14 onces de Paris, soit de 428 gr. 40.

Il n'y a pas lieu de rectifier sur la base de 236 gr. 1/9, le poids théorique du marc de Cologne comme de ses divisions et de modifier, sur la même base, les poids de sa livre marchande, qui doivent être maintenus dans la relation de 10 à 9 avec ceux de la livre et du marc monétaire.

En effet, les poids basés sur l'évaluation de 232 gr. 10 2/3, sur l'hypothèse de l'égalité entre le marc monétaire de Cologne et celui de la Tour, ont constamment été regardés comme exacts (voir n° 21) et ont, par suite, servi de base de comparaison entre le marc de Cologne et les poids d'autres marcs ou livres. Il serait donc fâcheux de les modifier, car toutes ces parités deviendraient boiteuses et ce, en contradiction avec la réalité des faits. C'est comme si, actuellement, l'on s'avisait de vouloir rectifier le poids accepté du kilogramme sur le motif, cependant vrai, qu'à l'époque où les étalons de ce poids ont été établis, une légère erreur s'est produite lors de l'évaluation, en poids, de la contenance en eau, à son maximum de densité, d'un cube de 10 centimètres de côté.

Il nous paraît inutile de reproduire ici le détail de la
division en 16 onces de la livre marchande de 472 gr. 2/9 ; il a
déjà été fourni à propos de la livre de la soie de Nîmes-
Montpellier, de même poids (voir n° 82).

En résumé et comme conclusion, à notre avis :

1° Le poids théorique de la livre monétaire de Suède est de
425 gr. ;

2° Le poids théorique de la livre marchande de Suède est de
472 gr. 2/9.

3° Le poids théorique de la livre *victualie vigt* est de
435 gr. 20.

4° A une certaine époque, selon toute vraisemblance, la
livre monétaire de Suède avait pour poids théorique 340 gr.,
soit celui de la livre égypto-romaine et la livre marchande
correspondante celui de 377 gr. 7/9.

Ainsi en Suède, anciennement, le poids type était la livre
égypto-romaine de 340 gr. tandis que, chez les Danois (voir
n° 17) il s'agissait de la livre romaine de 325 gr. 40.

B. — *Livre de Montauban.*

105. — Deux évaluations sont données de cette livre
(G. 82) :

1° Un règlement municipal de Montauban, de juillet 1329,
lui donne l'équivalence de 14 onces de Troyes, moins 3 deniers ;

2° Au xviii° siècle, on évaluait cette livre sur le pied de
115 livres pour 100 livres poids de marc.

La première évaluation donne, à la livre en question,
424 gr. 57 1/2 ; la seconde aboutit à 425 gr. 73 21/23 ou 8012
grains de Paris. Pour nous, le poids théorique est celui de
425 gr.

D'après la division coutumière en 16 onces, cette livre se
détaillerait comme suit :

Grains de Paris.

```
   62  1/2   Ternal ou gros, de 3 deniers....................1      3   gr.  32  1/32
  125        Quart ou fierton...........................1     2      6   gr.  64  1/16
  500        Once....................... ... 7          4     8     26   gr.  56  1/4
 8000        Livre................1         16         84   128    425   gr.
```

CINQUIÈME PARTIE

EMPLOI DU TALENT SYRIEN

CHAPITRE UNIQUE

EMPLOI DIRECT.

---

106. — Du talent-type égyptien, de 42 kg. 500, a été formé le talent dit syrien. C'est le talent faible, par rapport au talent-type égyptien. Il est donc des 24/25 de ce dernier et pèse 40 kg. 800 gr. Il se divisait, en Egypte, en 50 mines de 816 gr. l'une. Comme le talent-type égyptien, le talent syrien a été divisé, par les Grecs, en 100 mines. Chacune de ces mines pesait donc 408 gr. l'une, et les 60, ensemble 24 kg. 680 gr., constituaient le talent attique faible, des 24/25 du talent attique normal de 25 kg. 500 gr.

La mine attique faible a été fort répandue dans le monde antique. En partie, son extension semble due à son rapport simple avec la livre romaine. En effet, le tétradrachme attique faible, de 4 drachmes de 4 gr. 08 l'une, pesait 16 gr. 32, soit exactement 1/20 de la livre romaine de 326 gr. 40. Selon toute apparence, il faut chercher, dans cette égalité entre 20 tétradrachmes et la livre romaine, l'origine de la division de la livre romaine en 20 sous, à l'époque barbare, division ensuite appliquée à nombre d'autres livres.

Signalons, comme parité, que la livre de 408 gr. égale : à

15 onces romaines; à 25 des sous ou tétradrachmes de
16 gr. 32, qui égalent à la livre romaine; à 8/9 de la livre de
Tours ou soutive de Paris de 459 gr. (voir n° 9).

A. — *Livre carolingienne et anglaise de 15 onces romaines.*

107. — Cette livre, sur le modèle de la division gauloise,
mérovingienne et carolingienne de la livre romaine (voir n° 16)
se détaille comme suit :

Grains de Paris.

32	Denier					1	1 gr. 70	
128	Trémissis ou trimse			1	4		6 gr. 80	
384	Sou		1	3	12	20 gr. 40		
640	Once	1	1 2/3	5	20	34 gr.		
7.680	Livre	1	12	20	60	240	408 gr.	

Cette livre est celle monétaire visée par un capitulaire de
Pépin le Bref, de 754 ou 755 (G. 4), par lequel ce souverain
fixe à 22 sous de deniers, soit à 22 deniers au sou et 264 à la
livre, le nombre à tailler dans une livre. Sur ce pied, le denier
ressort à 1 gr. 545 30/61, chiffre à rapprocher de l'estimation
de 1 gr. 545 de M. G.

Comme 4 des deniers de la livre en question, de 1 gr. 70
l'un, égalent à 5 des deniers de 240 à la livre romaine; comme
16 des sous de la livre de 408 gr. égalent, d'autre part, à la
livre romaine, la substitution à cette dernière, de celle de
408 gr. a donc dû s'opérer avec facilité, parmi le peuple.

108. — Au xiiie siècle (G. 87), en Angleterre, la monnaie
employée, pour les épices, la monnaie et les produits pharmaceutiques, était la livre romaine, de 12 onces romaines, tandis
que celle de commerce avait 15 onces. La livre marchande, de
15 onces, est donc celle de 408 gr.

109. — D'après un capitulaire de 779 ou 780 (G. 1 et 58), la
division ecclésiastique de la livre de 15 onces romaines, de la
livre de 408 gr. était celle suivante :

Grains de Paris.

25 3/5	Denier				1	1	gr. 36
384	Sou	1			15	20	gr. 40
512	Once	1	1	1/3	20	27	gr. 20
7.680	Livre	1	15	20	300	408	gr.

Ainsi l'Église, toujours disposée à maintenir la tradition, considérait la livre de 408 gr. comme constituée par des onces et des deniers appartenant à la division de la livre romaine, à la division barbare, entendons-le.

C. — *Livre de Montpellier-Nîmes dite livre poids de table.*

110. La livre poids de table de Nîmes-Montpellier est (G. 68) des 5/6 de la livre de Paris. Comme cette dernière pèse 489 gr. 60, la livre poids de table est donc de 408 gr.

Parmi les livres dont les poids ont été relevés au commencement du xix⁰ siècle, par les commissions départementales des poids et mesures (G. 71) un certain nombre apparaissent comme de simples altérations de la livre de 408 gr. Citons, à ce point de vue, les suivantes : Marseille, 408 gr. 431 ; Tarascon, 407 gr. 510 ; livre de bouillon jaune d'Avignon, 403 gr. 71616 ; Haute-Loire, livre poids de Montpellier, 408 gr. 910 ; Vienne (Isère), 404 gr. 08 ; Lautrec, 405 gr. 318 ; Foix, 405 gr. 55 ; Oléron, 405 gr. ; enfin, Orthez, 406 gr.

Si l'on applique à cette livre la division méridionale ordinaire en 16 onces, l'on obtient le détail suivant :

Grains de Paris

60	Gros ou ternal de 3 deniers				1	3	gr. 18 3/4
120	Quart ou fierton			1	2	6	gr. 37 1/2
480	Once		1	4	8	25	gr. 50
3.840	Marc	1	8	32	64	204	gr.
7.680	Livre	1	2	16	64	128	408 gr.

La demi-once pèse 240 grains de Paris, soit 12 gr. 75.

Notons, comme parité, que la livre de 408 gr. égale à 13 1/3 onces de Paris et de Troyes.

C. — *Livres diverses.*

111. Les collecteurs apostoliques de 1327-1328 donnent, au marc de Stockholm (ce qui correspond à 203 gr. 05 5/9 pour le marc, et à 406 gr. 11 1/9 pour la livre), la valeur de 7 onces 2 deniers de la livre de 340 gr. de la Cour pontificale d'Avignon (voir n° 56). De toute évidence, la livre de Stockholm n'est autre que la livre de 408 gr.

Il en est de même de la livre de Breslau, évaluée par Lohmann à 405 gr. 239; de la livre de Silésie et de Pologne, estimée à 405 gr. 239; enfin, de la livre russe qui, en 1835, a été estimée à 409 gr. 515, d'après un étalon de 1747, conservé à la monnaie de Saint-Pétersbourg. Cette estimation résulte de la valeur de 22, 504 doli 859 donnée au kilogramme sur les 9,216 doli qui sont compris dans la livre russe.

Nous ne répéterons pas ici le détail de la composition de la livre de 408 gr. en 16 onces. Il serait le même que celui que nous venons d'indiquer à propos de la livre poids de table.

Une estimation de 120 livres russes pour 100 livres d'Amsterdam est donnée (G. 75) comme admise dans le commerce au xviiie siècle. Cette évaluation est purement approximative. Elle donnait, à la livre russe, les 5/6 de la livre d'Amsterdam, soit 13 1/3 onces troy, puisque la livre d'Amsterdam est de 2 marcs troy à 8 onces l'un, ce qui donne 16 onces troy à la livre d'Amsterdam. Or, la livre russe ne pèse pas 13 1/3 onces troy mais bien 13 1/3 onces de Troyes. Cette confusion, entre les onces troy anglaises et les onces de Troyes françaises est constante. Nous avons eu déjà l'occasion de la signaler.

D. — *Livre de la soie de Venise (seconde formation).*

112. Cette livre, égale à 10 onces de Paris apparaît comme constituée par 12 des 16 onces, de 25 gr. 50 l'une, qui sont

comprises dans la livre poids de table de Nîmes-Montpellier.
Elle pèse donc 306 gr. poids théorique, et se divise comme
suit :

Grains de Paris

```
  480   Once.................................... 1     25 gr. 50
3.840   Marc.................................  1    8   204 gr.
5.760   Livre.............................. 1   1 1/2 12   306 gr.
```

Cette livre est estimée, par la voie indirecte de la comparaison (G. 37 note 1) à 307 gr. 4405 grammes. Son poids théorique semble donc bien être de 306 gr. ; sauf la tendance italienne constante vers le renforcement des poids.

E. — *Livres de Majorque, de Sardaigne, de Barcelone et de Valence (Espagne).*

113. Pegolotti signale (G. 30) l'identité des poids de Majorque de Sardaigne et de Barcelone avec ceux de Montpellier
comme entre eux. Autrement dit, une même livre, celle de
408 gr., était en usage dans les pays cités.

En fait (G. 73), la livre de Barcelone a été évaluée, au XIXe siècle, à 401 gr. ; celle de Majorque à 408 gr., en 1806, d'après un
étalon conservé jadis à l'Hôtel de Ville de Palma ; celle de
Sardaigne à 406 gr. 5634, au début du XIXe siècle.

Ces livres se divisaient en 12 onces, ce qui donne 34 gr. à
l'once.

114. En 1585, la livre d'argent de Barcelone (G. 72) se divisait en 30 sous : cela donne, au sou de 30 à la livre et de 20 au
marc, la valeur de 13 gr. 60 ou d'une demi-once de la livre
romaine. L'on a ainsi :

Grains de Paris

```
  21 1/3 Denier..........................           1        1 gr. 13 1/3
   256   Sou ...............................     1        12    13 gr. 60
   640   Once..............................  1   2 1/2   30    34 gr.
 5.120   Marc..............................  8   20      240   272 gr.
 7.680   Livre.............................1 1 1/2 12 30  360   408 gr.
```

RELEVÉ DES ONCES, MARCS & LIVRES

DANS L'ORDRE ASCENDANT DE LEUR POIDS

---

§ 1. Onces.

1/16 de la livre subtile de Nîmes-Montpellier (n° 67)................................ 19 gr. 92 3/16

1/16 de la livre suédoise du fer de 340 gr. (n° 55)................................... 21 gr. 25

1/16 de la livre petit poids de Marseille, de 358 gr. 59 3/8 (n° 70)................... 22 gr. 44 27/28

1/16 du ratl de 96 mesqâls légaux de 544 gr. (n° 79)................................... 22 gr. 2/3

1/12 de la livre subtile de Venise, de 295 gr. 13 8/9 (n° 95).......................... 24 gr. 59 89/216

1/16 de la livre médicinale de Nuremberg, de 358 gr. 59 3/8 (n° 75)................... 24 gr. 91 27/128

1/16 de la livre poids de table de Nîmes-Montpellier, de 408 gr. (n° 110)............. 25 gr. 20

1/12 de la livre médicinale de Paris, de 306 gr. (n° 8) et de la livre de la soie de Venise (n° 112).. 25 gr. 50

1/12 de la livre subtile de Gênes, de 314 gr. 8 4/27 (n° 81); 1/12 du ratl d'el Mansour, de 314 gr. 8 4/27 et 1/16 du

man d'el Mansour, de 419 gr. 7 43/81
(n° 88)... 26 gr. 2 28/81

1/12 de la livre de 318 gr. 75 (n° 64); 1/16
de la livre monétaire de Suède, de 425 gr.
(n° 100) comme de la livre de Montauban
(n° 106).. 26 gr. 25

1/12 de la livre romaine de 326 gr. 40
(n° 18 et suivants) 1/16 de la livre de
16 onces romaines de 435 gr. 20 (n° 24 et
suivants); 1/15 de la livre ecclésiastique
de 408 gr. (n° 109); 1/16 de la livre suédoise *victualie vigt* (n° 100)............... 27 gr. 20

1/12 de la livre égypto-romaine de 340 gr.
(n°⁰ˢ 56 et suivants); 1/16 de la livre avoir-
du-poids anglaise (n° 62)..................... 28 gr. 1/3

1/12 de la livre de Tours, livre marchande
ou soutive de Paris, de 459 gr. (n°ˢ 9 et 10) 28 gr. 68 3/4

1/12 de la livre anglaise de la Tour de
348 gr. 16 (n° 38); 1/16 de la livre moné-
taire de Cologne, de 464 gr. 21 1/3 (n° 39). 29 gr. 01 1/3

1/16 de la livre de la soie de Nîmes-Montpellier de 472 gr. 2/9 (n° 82); 1/12 de la
livre monétaire de Venise, de 354 gr. 1/6
(n° 92); once de Valence (Espagne) (n° 98) 29 gr. 513 8/9

1/12 de la livre petit poids de Marseille, de
358 gr. 59 5/8 et 1/16 de la livre moné-
taire de Nuremberg, de 478 gr. 1/8 (n° 74). 29 gr. 8 29/32

1/12 de la livre de Troyes, de 367 gr. 20 et
1/16 de la livre de Paris, de 489 gr. 60
(n° 1)... 30 gr. 60

1/12 de la livre troy anglaise, de 373 gr. 02
6/7 (n° 49) et 1/14 de la livre de Flandre,
de 435 gr. 20 (n° 28)........................... 31 gr. 08 4/7

1/12 du ratl d'el Mansour, de 377 gr. 7/9,

et 1/15 du man d'el Mansour, de 472 gr. 2/9
(n° 80) ; 1/16 du man d'el Mansour, de
503 gr. 70 10/27........................... 31 gr. 48 4/77
1/16 de la livre marchande de Nuremberg,
de 510 gr. (n° 61).......................... 31 gr. 7/8
1/16 de la livre de poids de Cologne, de
515 gr. 79 7/27 (n° 47).................. 32 gr. 23 19/27
1/12 de la livre grosse d'Uzès, de 396 gr. 2/3
(n° 77).................................... 33 gr. 1/18
1/12 de la livre de 15 onces romaines, de
408 gr. (n° 106 et suivants)............... 34 gr.
1/16 de la livre moderne de Vienne (Au-
triche) de 559 gr. 54 2/7 (n° 51)......... 34 gr. 97 1/7
1/8 du marc d'Elbing et de Dantzig, de
290 gr. 13 1/3 (n° 35).................... 36 gr. 26 2/3
1/8 du marc Danois, de 326 gr. 40 (n° 17).. 40 gr. 80
1/8 du marc des Pays-Bas, de 373 gr. 02 6/7
(n° 53)..................................... 46 gr. 62 6/7
1/12 de la livre grosse de Venise, de
472 gr. 2/9 (n° 83)........................ 52 gr. 2/3

§ 2. Marcs.

4/16 de la livre de 435 gr. 20. Marc hustin
(n° 24)..................................... 108 gr. 80
8/16 de la livre subtile de Nîmes-Montpel-
lier, de 318 gr. 75 (n° 67)................ 159 gr. 37 1/2
8/12 de la livre suédoise du fer, de 340 gr.
(n° 55) comme de la livre de Florence
(n° 57)..................................... 170 gr.
8/16 de la livre petit poids de Marseille, de
358 gr. 59 3/8 (n° 70).................... 179 gr. 29 1/6
6/14 de la livre de Flandre, de 435 gr. 20
(n°ˢ 28 et 29), petit marc de Flandre..... 186 gr. 51 3/7

8/12 de la livre subtile de Venise, de
295 gr. 13 8/9 (n° 95).................. 196 gr. 75 5/27

8/16 de la livre poids de table (n° 110) et de
la livre de Breslau, de 408 gr. (n° 111);
8/12 de la livre de la soie de Venise (seconde formation), de 306 gr. (n° 112)..... 204 gr.

8/12 de la livre monétaire de Naples, de
318 gr. 75 (n° 70)...................... 212 gr. 50

8/16 de la livre du kaufmann's mark de
435 gr. 20 ; le kaufmann's mark (n° 34) ;
8/12 de la livre de Catalogne de 326 gr. 40
(n° 30) et de la livre romaine, de même
poids (n° 16); le marc allemand du
xiii° siècle (n° 21)..................... 217 gr. 60

8/12 de la livre égypto-romaine de 340 gr.
(n° 57); marc de Florence (n° 57); de Limoges (n° 58); de la Cour pontificale
d'Avignon (n° 56)...................... 226 gr. 2/3

8/16 de la livre de Tours, de 459 gr. (n° 9),
marc de Tours........................... 229 gr. 1/2

8/12 de la livre anglaise de la Tour, de
348 gr. 16/38; marc de la Tour (n° 38);
8/16 de la livre monétaire de Cologne, de
464 gr. 21 1/3; marc de Cologne (n° 39)... 232 gr. 10 2/3

8/16 de la livre de la soie de Nîmes-Montpellier, de 472 gr. 2/9 (n° 82); 8/12 de la livre
égypto-romaine pour les matières précieuses, de 354 gr. 1/6 (n° 84); marc de
Melgueil (n° 84); marc de la livre monétaire de Venise; marc de Venise (n° 94);
marc de la livre marchande de Naples
(n° 96)................................. 236 gr. 1/9

9/12 de la livre de 318 gr. 75 (n° 66); marc
de la livre subtile de Nîmes-Montpellier

(n° 66); marc de la livre de la soie de Venise (n° 64); marc de la livre grosse de
Gênes (n° 65); 8/12 de la livre petit poids
de Marseille (n° 70); 8/16 de la livre monétaire de Nuremberg, de 478 gr. 1/8;
marc monétaire de Nuremberg (n° 74)... 239 gr. 1/16

8/12 de la livre des Pays-Bas, de 373 gr. 02
6/7, marc des Pays-Bas; 8/16 de la livre
de Bruxelles, de 497 gr. 37 1/2......... 239 gr. 68 4/7

8/16 de la livre de Paris, de 489 gr. 60;
8/12 de la livre de Troyes, de 367 gr. 20;
marc de Troyes (n°ˢ 1 et suivants)......... 244 gr. 80

8/16 de la livre marchande de Nuremberg
(n° 64) .... 255 gr.

8/16 de la livre de poids de Cologne; de
515 gr. 79 7/27; marc de poids de Co-
logne (n° 47)................................ 257 gr. 89 17/27

12/20 de la livre de Vienne, de 435 gr. 20;
marc de Vienne.............................. 261 gr. 12

8/12 de la livre de Barcelone, de 408 gr.
(n° 113).................................... 272 gr.

8/16 de la livre moderne de Vienne de
559 gr. 54 2/7 (n° 51)..................... 279 gr. 77 1/7

8/12 de la livre de 435 gr. 20; marc d'El-
bing et de Dantzig (n° 35)................. 290 gr. 10 2/3

12/12 de la livre romaine; marc danois
(n° 17).................................... 326 gr. 40

8/12 de la livre des Pays-Bas, de 497 gr. 37
1/7; marc des Pays-Bas (n° 53) .... 373 gr. 02 6/7

§ 3. LIVRES.

Livre subtile de Venise (n° 95)............. 295 gr. 13 8/9

Livre de la soie de Venise (seconde forma-
 tion) (n° 112).............................. 306 gr.
Livre subtile de Gênes (n° 84); livre subtile
 de Fribourg (n° 86); ratl de 100 derhams
 d'el Mansour............................. 314 gr. 8 4/27
Livre des 15/16 de la livre égypto-romaine
 (n°ˢ 64 et suivants)................. ...... 318 gr. 75
Livre romaine (n°ˢ 16 et suivants)........... 326 gr. 40
Livre égypto-romaine (n°ˢ 54 et suivants).
 Ancienne livre monétaire de Suède (n° 100). 340 gr.
Livre anglaise de la Tour.................... 348 gr. 16
Livre égypto-romaine pour les matières pré-
 cieuses (n°ˢ 84, 92 et suivants)........ .... 354 gr. 1/6
Livre petit poids de Marseille (n° 70)........ 358 gr. 59 3/8
Livre de Troyes (n°ˢ 1 et suivants).......... 367 gr. 20
Livre troy anglaise (n° 49) et marc des Pays-
 Bas (n° 53)................................ 373 gr. 02 6/7
Ratl de 120 derhams d'el Mansour (n° 87)
 ancienne livre marchande de Suède (n° 100) 377 gr. 7/9
Livre grosse d'Uzès, de 100 derhams légaux
 arabes (n° 77)............................ 396 gr. 2/3
Livre égale à la mine attique faible (n°ˢ 106
 et suivants)............................... 408 gr.
Man, de 133 1/3 derhams d'el Mansour
 (n° 88)................................... 419 gr. 7 43/81
Livre égale à la mine attique forte (n°ˢ 99
 et suivants)............................... 425 gr.
Livre de 16 onces romaines (n°ˢ 24 et suivants) et livre *victualie vigt* de Suède
 (n° 102).................................. 435 gr. 20
Livre avoir-du-poids anglaise (n° 62)...... 453 gr. 1/3
Livre de Tours, livre soutive et marchande
 de Paris (n°ˢ 9 et 10)..................... 459 gr.
Livre monétaire de Cologne (n° 39)........ 464 gr. 21 1/3

Ratl d'el Mansour, de 100 mesqâls (n° 80).
Livre de la soie de Nîmes-Montpellier
(n° 82). Livre grosse de Venise (n° 83).
Livre de Fribourg (n° 86). Livre de Va-
lence (n° 98)...................................... 472 gr. 2/9
Livre monétaire de Nuremberg............ 478 gr. 1/4
Livre de Paris (n°s 1 et suivants)........... 489 gr. 60
Livre de 2 marcs des Pays-Bas (n° 53)..... 497 gr. 37 1/7
Ratl de 160 derhams d'el Mansour (n° 87)... 503 gr. 70 10/27
Livre marchande de Nuremberg (n° 61).... 510 gr.
Livre de poids de Cologne............... 515 gr. 79 7/27
Livre grosse de Fribourg de 20 des 12 onces
de la livre de 314 gr. 8 4/27 (n° 86)...... 524 gr. 6 74/81
Livre de Valence (Espagne) de 18 des
12 onces de la livre de 354 gr. 1/6 (n° 98). 531 gr. 25
Ratl du mesqâl légal, des états Barbaresques
(n° 79)...................................... 544 gr.
Livre grosse de Genève, de 20 des 16 onces
de la livre marchande de Paris (n° 13).... 550 gr. 80
Livre moderne de Vienne (Autriche) (n° 51).. 559 gr. 54 2/7
Livre de Valence (Espagne) de 36 des
12 onces de la livre de 354 gr. 1/6 (n° 98). 1 k. 062 gr. 1/2

INDEX GÉOGRAPHIQUE

ALGER. N° 20, rall foddy de 503 gr. 70 10/27.

ALLEMAGNE. N° 107, marc allemand du XIII° siècle de 217 gr. 60.

ANCÔNE. N° 18, livre romaine de 326 gr. 40.

ANGLETERRE. N° 24, livre de 435 gr. 20 ; n° 23, marc hustin, de 108 gr. 40 ; n° 38, livre de la Tour de 348 gr. 16 ; n° 49, livre troy, de 373 gr. 02 6/7 ; n° 62, livre avoir-du-poids de 453 gr. 1/3 ; n° 107, livre marchande de 15 onces romaines de 408 gr. ; n° 108, livre monétaire du XIII° siècle, de 326 gr. 40.

ANVERS. N° 44, livre de Brabant ou d'Anvers de 2 marcs de Cologne, 464 gr. 21 1/3.

ARAGON. N° 98, livre égypto-romaine pour les matières précieuses, 354 gr. 1/6 ; n° 66, livre subtile de Nîmes-Montpellier, 318 gr. 75.

ARIÈGE. N° 90, man d'el Mansour, de 419 gr. 7 43/81.

ARRAS. N° 29, petit marc de Flandre, de 186 gr. 51 3/9.

AVEYRON. N° 29, man d'el Mansour, de 419 gr. 7 43/81.

AVIGNON. N° 110, livre de bouillon jaune, livre poids de table de Nîmes-Montpellier, de 408 gr. ; n° 56, livre de la Cour Pontificale d'Avignon, livre égypto-romaine de 340 gr. ; antérieurement (voir n° 20), la livre Pontificale était la livre romaine, de 326 gr. 40, dite monnaie de Saint-Pierre ; n° 78 ; livre grosse d'Uzès, 396 gr. 2/3. — *Nota.* La livre subtile de Nîmes-Montpellier, de 318 gr. 75, est parfois désignée sous le nom de livre d'Avignon, au point de vue monétaire.

BARCELONE. N° 30, livre de 12 onces romaines, de 326 gr. 40 ; livre de 16 des mêmes onces, de 453 gr. 20 ; n° 114, livre poids de table de Nîmes-Montpellier, de 408 gr.

BASSES-PYRÉNÉES. man d'el Mansour de 419 gr. 7 43/81.

BEAULIEU. N° 9, livre de Tours ou soutive de Paris, de 459 gr. dite livre de Beaulieu.

BEAUCAIRE. Man d'el Mansour de 419 gr. 7 43/81.

BERGAME. N° 18, livre romaine de 326 gr. 40.

BERNE, livre de 20 des 12 onces de la livre subtile de Gênes, de 314 gr. 8 4/27, soit de 524 gr. 6 74/81.

BOLOGNE. N° 92, livre monétaire de Venise, de 354 gr. 1/6. N° 18, livre médicinale de Bologne, de 326 gr. 40 (livre romaine).

BOURGOGNE. N° 14, livre soutive de Paris, de 459 gr.

BRÊME. N° 5, livre de Paris, de 489 gr. 60.

BRABANT. N° 44, livre de Brabant, de 2 marcs de Cologne, soit de 464 gr. 21 1/3.

BRESLAU. N° 111, mine attique faible, de 408 gr.

BRUGES. N° 28, marc d'or de Bruges de 244 gr. 80, de 8 onces de Troyes; livre de l'or de Bruges, égale à la livre de Troyes, de 367 gr. 20; livre de 16 onces romaines, de 435 gr. 20.

BRUXELLES. N° 53, livre de Bruxelles, de 2 marcs des Pays-Bas, soit de 497 gr. 37 1/7.

CARPENTRAS. N° 78, livre grosse d'Uzès, de 396 gr. 2/3.

CARRARE. N° 18, livre romaine de 326 gr. 40.

CASTILLE. N° 46, marc de Cologne de 232 gr. 10 2/3, poids monétaire; livre de Troyes de 367 gr. 20, poids marchand.

CESENA. N° 18, livre romaine, de 326 gr. 40.

CASTRES. N° 90, man d'el Mansour, de 419 gr. 7 43/81.

CATALOGNE. N° 30, marc de 8 onces romaines, soit de 217 gr. 60; livre de 12 onces romaines, soit de 326 gr. 40; livre de 16 des mêmes onces, soit de 435 gr. 20.

CHAMBÉRY. N° 90, livre de Chambéry (man d'el Mansour) de 419 gr. 7 43/81.

CHÂTILLON (Bourgogne). N° 14, livre soutive de Paris, de 459 gr.

CHYPRE. N° 58, marc des 8/12 de la livre égypto-romaine, soit de 226 gr. 2/3.

COLOGNE. N° 30, marc de Cologne dit Kauffmann's mark, de 217 gr. 60; livre de ce marc, 435 gr. 20; n° 39, marc monétaire de Cologne, 233 gr. 2/3; livre du même marc 464 gr. 21 1/3; n° 47, marc de poids de Cologne, 257 gr. 89 17/27 et livre de ce marc, 515 gr. 79 7/27.

CONSTANCE. N° 13, livre de 16 onces de Paris, 489 gr. 60; livre de 20 des mêmes onces, 550 gr. 80.

CONSTANTINOPLE. N° 69, livre de la soie de Venise, 318 gr. 75.

COURTRAI. N° 28, livre de 16 onces romaines, 435 gr. 20.

CRÉMONE. N° 18, livre romaine de 326 gr. 40.

CULM (Prusse). N° 29, petit marc de Flandre, 186 gr. 51 3/7.

DANEMARK. N° 17, marc danois, 326 gr. 40, égal à la livre romaine; n° 5, livre de Paris, de 489 gr. 60, ou livre des Pays-Bas, de 497 gr. 37 1/2 ; n° 44, marc de Cologne (ou suédois de ce nom) 232 gr. 10 2/3 ou 236 gr. 1/3.

DANZIG. N° 35, marc de Danzig des 8/12 de la livre de 435 gr. 20, soit de 290 gr. 10 2/3.

DOUAI. N° 29, petit marc de Flandre, de 186 gr. 51 3/7.

DUNKERQUE. N° 28, livre de 16 onces romaines de 435 gr. 20.

ELBING. N° 35, marc d'Elbing des 8/12 de la livre de 435 gr. 20, soit de 290 gr. 10 2/3.

EMBRUN. N° 46, livre de 16 onces romaines de 435 gr. 20.

ESPAGNE. N° 23, livre médicinale (livre romaine) de 326 gr. 40.

EGYPTE. N° 88, ratl de 100 derhams d'el Mansour, de 314 gr. 8 4/27; man de 16 des 12 onces de ce ratl 419 gr. 7 43/81.

ETATS BARBARESQUES. N° 87, ratl de 120 derhams d'el Mansour de 377 gr. 7/9 ; man de ce ratl, de 16 de ces onces, 503 gr. 70 10/27 ; n° 79, ratl de 96 mesqâls légaux, soit de 544 gr.

FARRARE. N° 60, livre égypto-romaine de 340 gr.

FLANDRE. N° 28, livre de Flandre de 435 gr. 20; n° 29, petit marc de Flandre des 6/14 de la livre, soit de 186 gr. 51 3/7; n° 44, livre marchande de Brabant ou d'Anvers, de 2 marcs de Cologne, 464 gr. 21 1/3.

FLORENCE. N° 37, livre de Florence de 340 gr. (livre égypto-romaine).

FOIX. N° 110, livre poids de table, 408 gr.

FORLI. N° 18, livre romaine, de 326 gr. 40.

FRIBOURG (Suisse), livre subtile de Gênes, de 314 gr. 8 4/27 ; livre de Fribourg, de 20 des 12 onces de celle-ci, soit de 324 gr. 6 74/81.

GAND. N° 28, livre de 12 onces romaines, soit de 435 gr. 20.

GÊNES. N° 81, livre subtile de Gênes, de 100 derhams d'el Mansour, 314 gr. 8 4/27. N° 65, livre grosse de Gênes, des 15/16 de la livre égypto-romaine, 318 gr. 5

GENÈVE. N° 13, livre subtile, livre soutive de Paris, 489 gr.; livre grosse de Genève, de 20 des 16 onces de la précédente, 550 gr. 80.

GRENOBLE. N° 90, livre égale au man d'el Mansour, de 419 gr. 7 43/81 ; n° 70, livre de 16 onces romaines, 435 gr. 20; n° 60, marc de la livre subtile de Nîmes-Montpellier, 239 gr. 1/6.

HAMBOURG. N° 5, livre de Paris de 489 gr. 60.

HAUTE-LOIRE. N° 110, livre poids de table de 408 gr ; n° 90, livre égale au man d'el Mansour, de 419 gr. 7 43/81.

ISÈRE. N° 90, man d'el Mansour de 419 gr. 7 43/81 ; n° 78, livre grosse d'Uzès de 396 gr. 2/3.

LILLE. N° 28, livre de 16 onces romaines de 435 gr. 20.

LAUTREC. N° 110, livre poids de table de 408 gr.

LAUZERTE. N° 90, man d'el Mansour de 419 gr. 7 43/81.

LIMOGES. N° 58, marc de Limoges des 8/12 de la livre égypto-romaine, soit de 226 gr. 2/3.

LOZÈRE. N° 36, livre de 16 onces romaines, 435 gr. 20.

LUBECK. N° 5, livre de Paris, de 489 gr. 60.

LYON. N° 90, man d'el Mansour, de 419 gr. 7 43/81; n° 9, livre soutive de Paris, de 459 gr. servait à Lyon pour peser la soie, sous le nom de livre de Beaulieu.

MAJORQUE. N° 113, livre poids de table, de 408 gr.

MARSEILLE. N° 70, livre petit poids de Marseille, de 358 gr. 59 3/8 ; n° 110, livre poids de table, de 408 gr. — *Nota.* Au point de vue monétaire, la livre subtile de Nîmes-Montpellier, de 318 gr. 75, est parfois désignée sous le nom de livre de Marseille.

MAULÉON. N° 90, man d'el Mansour, de 419 gr. 7 43/81.

MELGEUIL. N° 84, livre de Melgeuil (livre égypto-romaine pour les matières précieuses), de 354 gr. 1/6.

MERCIE (Comté de). N° 24, livre de 16 onces romaines, de 435 gr. 20.

MILAN. N° 18, livre romaine de 326 gr. 40 ; n° 97, marc de Milan, des 8/12 de la livre marchande de Naples, soit de 236 gr. 1/9.

MONTAUBAN. N° 106, livre de Montauban (mine attique normale), de 425 gr.

MONTFERRAT. N° 18, livre romaine, de 326 gr. 40.

MONTPELLIER. N° 90, man d'el Mansour de 419 gr. 7 43/81. — *Nota.* Les poids usités à Nîmes (voir à ce nom) étaient également employés à Montpellier.

MUNICH. N° 51, livre de Munich (livre de Vienne), 559 gr. 54 2/7.

NAPLES. N° 71, livre monétaire, de 318 gr. 75 ; n° 72, livre médicinale de même poids ; n° 96, livre marchande, de 354 gr. 1/6.

NÎMES-MONTPELLIER. N° 90, man d'el Mansour de 419 gr. 7 43/81 ; n° 110, livre poids de table de Nîmes-Montpellier, 408 gr. ; n° 55, livre de la soie de Nîmes-Montpellier, 472 gr. 2/9 ; n° 60, livre subtile de Nîmes-Montpellier, 318 gr. 75.

NORVÈGE. N° 33, livre de 16 onces romaines, de 435 gr. 20.

NOVARE. N° 18, livre romaine, de 326 gr. 40.

NUREMBERG. N° 75, livre médicinale de Nuremberg, 358 gr. 59 3/8 ; n° 74 livre monétaire de Nuremberg, 478 gr. 1/8 ; n° 61, livre marchande de Nuremberg, 510 gr.

OLÉRON. N° 110, livre poids de table, 408 gr.

ORTHEZ. N° 110, livre poids de table, 408 gr.

PADOUE. N° 73, livre médicinale de Padoue, 318 gr. 75.

PAMIERS. N° 90, man d'el Mansour, de 419 gr. 7 43/81.

PARIS. N° 1, livre de Paris, de 489 gr. 60 ; n° 7, livre médicinale de Paris, de 12 onces de Paris, soit de 367 gr. 20 ; n° 8, livre médicinale de Paris, de 10 onces de Paris, 306 gr.

PARME. N° 18, livre romaine, de 326 gr. 40.

PAYS-BAS. N° 53, livre des Pays-Bas, 373 gr. 02 6/7 ; marc des Pays-Bas, de 242 gr. 68 4/7.

PERPIGNAN. N° 66, livre subtile de Nîmes-Montpellier, 318 gr. 75.

PIÉMONT. N° 4, livre de Troyes, de 367 gr. 20 ; n° 8, livre médicinale de 10 onces de Paris, 306 gr.

POLOGNE. N° 111, mine attique faible, de 408 gr.

RAVENNE. N° 60, livre égypto-romaine, de 340 gr.

REGGIO. N° 18, livre romaine, de 326 gr. 40.

RIMINI. N° 60, livre égypto-romaine, de 340 gr.

RUSSIE. N° 111, mine attique faible, de 408 gr.

SAVOIE. N° 90, man d'el Mansour, de 419 gr. 7 43/81.

SAINT-GALL. N° 15, livre subtile, 16 onces de Paris, 489 gr. 60 ; livre grosse, 20 onces de Paris, 612 gr.

SAINT-GIRONS. N° 78, livre grosse d'Uzès, de 396 gr. 2/3.

SALERNE. N° 72, livre médicinale de Salerne, 318 gr. 75.

SCHAFFHOUSE. N° 15, livre subtile, 16 onces de Paris, 489 gr. 60 ; livre grosse, 20 onces de Paris, 612 gr.

SILÉSIE. N° 111, mine attique faible, de 408 gr.

STOCKHOLM. N° 111, livre de la mine attique faible, de 408 gr.

SUÈDE. N° 111, livre égale à la mine attique faible, de 408 gr. ; n° 100, livre monétaire de Suède, de 425 gr. ; n° 55, ancienne livre monétaire de Suède, de 340 gr. ; N° 100, ancienne livre marchande de Suède, de 377 gr. 7/9 ; n° 102, livre marchande de Suède, 472 2/9 ; n° 55, livre du fer, 340 gr. ; n° 102, livre *victualie vigt*, de 435 gr. 20.

TANGER. N° 87, man de 160 derhams d'el Mansour, 503 gr. 70 10/27.

TARASCON. N° 110, livre poids de table, de 408 gr.

TORTONE. N° 78, livre romaine, de 326 gr. 40.

TOULOUSE. N° 90, livre égale au man d'el Mansour, de 419 gr. 7 43/81.

TOURNAY. N° 28, livre de 16 onces romaines, 435 gr. 20.

TOURS. N° 9, livre de Tours de 15 onces de Paris, 459 gr.

TRIPOLI. N° 87, man de 160 derhams d'el Mansour, 503 gr. 70 10/27.

TROYES. N° 1 et suivants, livre de Troyes, de 12 onces de Paris, 367 gr. 20.

TUNIS. N° 87, ratl de 120 derhams d'el Mansour, 377 gr. 7/9.

URBIA. N° 18, livre romaine, de 326 gr. 40.

UZÈS. N° 77, livre grosse d'Uzès, de 100 derhams légaux arabes, 396 gr. 2/3.

VALENCE (Drôme). N° 37, livre poids de ville de Valence, 435 gr. 20, (livre de 16 onces romaines).

VALENCE (Espagne). N° 98, livre de 12 onces de la livre égypto-romaine pour les matières précieuses, 354 gr. 1/6 ; de 16 de ces onces 472 gr. 2/9 ; de 18 de ces onces, 531 gr. 1/4 ; de 36 de ces onces, 1 k. 062 1/2 ; n° 30, marc de Valence, de 8 onces romaines, 217 gr. 60, livre de 12 onces, 326 gr. 40 ; livre de 16 onces, 435 gr. 20.

VENISE. N° 93, sequin de Venise, 3 gr. 54 1/6 ; n° 92, livre monétaire de Venise, 354 gr. 1/6 ; marc des 8/12 de cette livre, 236 gr. 1/9 ; n° 83, livre grosse de Venise, 472 gr. 2/9 ; n° 112, livre de la soie de Venise, 306 gr. ; n° 64, livre de la soie de Venise (première formation), 318 gr. 75 ; n° 95, livre subtile de Venise, 295 gr. 13 8/9 ; n° 19, ancienne livre de Venise, 326 gr. 40, et n° 18, livre d'or et d'argent filé de Venise, même poids.

VESELAY. N° 45, marc monétaire de Cologne, 232 gr. 10 2/3.

VIENNE (Autriche). N° 51, livre moderne de Vienne, 559 gr. 54, marc de cette livre (des 8/16), 279 gr. 77 1/7 ; n° 32, livre ancienne de

Vienne, de 16 onces romaines, 435 gr. 20; marc des 12/20 de cette livre, 261 gr. 12 (vers 1280); n° 6, marc de Paris, 244 gr. 80 et livre de 489 gr. 60 (vers 1340).

VIENNE (Isère). N° 110, livre poids de table, 408 gr.

YPRES. N° 28, livre de 16 onces romaines, 435 gr. 20.

TABLE DES MATIÈRES

Pages.

AVANT-PROPOS.. 1

PREMIÈRE PARTIE

EMPLOI DU TALENT ASSYRIEN.................... 4

CHAPITRE PREMIER. — Emploi direct.................... 4
A. Livre de Paris et de Charlemagne, livre de Troyes.......... 4
B. Livre de Piémont... 7
C. Livre de Hambourg, Brème, Lubeck, Danemark 8
D. Marc de Vienne 9
E. Système persan moderne................................... 10
CHAPITRE II. — Dérivés de la livre de Troyes-Paris.............. 12
A. Livre médicinale de Paris de 12 onces de Paris............. 12
B. Livre médicinale de Paris de 10 onces de Paris............ 12
C. Livre de Tours, livre soutive, livre marchande de Paris...... 13
D. Aspect médical de la livre marchande de Paris............. 14
E. Marc de Tours... 14
F. Livres diverses... 18

DEUXIÈME PARTIE

EMPLOI DU TALENT-TYPE BABYLONIEN............... 20

CHAPITRE PREMIER. — Utilisation directe...................... 20
A. Livre gauloise, mérovingienne et carolingienne............. 20
B. Marc danois.. 21
C. Livres romano-italiennes................................. 22
D. Marc allemand du XIIIᵉ siècle............................ 23
E. Livre médicinale espagnole............................... 24

Chapitre II. — Livre de 16 onces romaines..... 25
  A. Livre anglaise de 16 onces romaines, marc hustin........... 25
  B. Livre carolingienne de 16 onces romaines; mancuse......... 26
  C. Livre de Flandre.................................... 27
  D. Petit marc de Flandre.................................. 29
  E. Livre de l'or et mancuse, en Catalogne.. 31
  F. Marc de Vienne (Autriche)........................... 33
  G. Livre de Norvège.................................... 33
  H. Marc de Cologne, dit Kaufmann's mark.................. 34
  I. Marc d'Elbing et de Danzig............................ 34
  J. Livres de 16 onces romaines dans le midi de la France....... 35
Chapitre III. — Dérivés de la livre de 16 onces romaines.......... 37
  A. Livre anglaise de la Tour............................. 37
  B. Livre monétaire et marc de Cologne..................... 37
  C. Livre de poids de Cologne.............................. 43
  D. Livre troy anglaise................................... 45
  E. Livre moderne de Vienne (Autriche)..................... 47
  F. Poids des Pays-Bas.................................... 49

TROISIÈME PARTIE

Emploi du talent babylonien fort............... 51

Chapitre premier. — Emploi direct........................... 52
  A. Livre suédoise du fer................................ 52
  B. Livres et marcs divers................................ 52
  C. Livre marchande de Nuremberg......................... 54
  D. Livre Avoir-du-poids anglaise.......................... 55
Chapitre II. — Emploi de la livre de 15 des 16 onces de la livre
      égypto-romaine.................................... 57
  A. Livre de la soie de Venise.. 57
  B. Livre grosse de Gênes..... 58
  C. Livre subtile de Nîmes-Montpellier...................... 59
  D. Livre de Constantinople 61
  E. Livre petit poids de Marseille.......................... 63
  F. Livre monétaire de Naples............................. 64
  G. Livre médicinale de Naples............................. 65
  H. Livre médicinale de Salerne............................ 65
  I. Livre médicinale de Padoue............................ 66
  J. Livre monétaire de Nuremberg.......................... 66
  K. Livre médicinale de Nuremberg......................... 66

CHAPITRE III. — Emploi du système légal arabe................... 68
   A. Livre grosse d'Uzès....................................... 68
   B. Ralt du mesqal légal des États barbaresques................ 69
CHAPITRE IV. — Emploi du système d'El Mansour 71
   A. Man d'el Mansour, derham d'Égypte........................ 71
   B. Livre subtile de Gênes.................................... 72
   C. Livre de la soie de Nimes-Montpellier...................... 72
   D. Livre grosse de Venise................................... 73
   E. Système monétaire de Melgueil............................ 74
   F. Livres de Fribourg et de Berne........................... 75
   G. Ratl et Man d'El Mansour dans les États Barbaresques........ 76
   H. Livre de 16 onces d'El Mansour..... 77
CHAPITRE V. — Emploi de la livre égypto-romaine pour les matières
        précieuses... 79
   A. Livre monétaire de Venise............................... 79
   B. Sequin de Venise.. 81
   C. Livre subtile de Venise............... 82
   D. Livre marchande de Naples............................... 83
   E. Livres de Valence, d'Alicante et d'Aragon................. 84

QUATRIÈME PARTIE

EMPLOI DU TALENT-TYPE ÉGYPTIEN............... 86

CHAPITRE UNIQUE. — Emploi direct........... 86
   A. Livre monétaire de Suède, livre *victualie vigt*, livre mar-
        chande.. 86
   B. Livre de Montauban...................................... 91

CINQUIÈME PARTIE

EMPLOI DU TALENT SYRIEN. 93

CHAPITRE UNIQUE. — Emploi direct........ 93
   A. Livre carolingienne et anglaise de 15 onces romaines........ 94
   B. Livre de Nimes-Montpellier, dite livre poids de table........ 95
   C. Livres diverses..... 96
   D. Livre de la soie de Venise, seconde formation.............. 96
   E. Livres de Majorque, de Sardaigne, de Barcelone et de Valence
        (Espagne).. 97
Relevé des onces, marcs et livres............................ 98
Index géographique... 103

Le Puy-en-Velay. — Imprimerie Peyriller, Rouchon et Gamon.

www.ingramcontent.com/pod-product-compliance
Lightning Source LLC
LaVergne TN
LVHW021852170726
843503LV00003B/1187